¡Avance! 2

Colin Christie   Anneli McLachlan   Eleanor Mayes

05/168
COMPREHENSIVE SCHOOL

Hodder & Stoughton
A MEMBER OF THE HODDER HEADLINE GROUP

The authors would like to thank: The pupils of the Lycée de l'Image et du Son d'Angoulême, David Buckland, Sue Chapple, Debbie Clegg, Sue Crooks, Katia Dallafior, Matthew Driver, Seth Finegan, Alexia Georgiou, Ann Harries, Alex Harvey, Chris Lillington, Sarah Patey, Françoise Ranty, Sarah Rees, Inez Reid, Rebecca Teevan, Matthew Thompson, Tim Weiss, Kevin White.

Acknowledgements
Cover photo: © Corbis

The authors and publishers would like to thank the following for permission to reproduce photographs:
©Brian Rasic/Rex Features, pp5, 46, 54, 58, 88, 90; ©Mirek Towski/DMI/Rex Features, pp5, 88, 103; ©Matt Baron/BEI/Rex Features, pp5, 88, 89, 91; ©Rick Doyle/Corbis, p9; ©Edward Garner/Rex Features, p9; ©Dave G. Houser/Corbis, pp12, 117; ©Matthew Driver/Moat Photography, pp12, 17, 25, 34, 35, 36, 41, 44, 55, 62, 64, 72, 73, 74, 102, 103, 105, 108, 116, 119; ©Morton Beebe, pp14, 61, 117; ©Richard Bickle/Corbis, p14; ©Hulton-Deutsch Collection/Corbis, p15; ©Patrick Ward/Corbis, p16; ©Neil Beer/Corbis, p16; ©Wolfgang Kaehler/Corbis, p16; ©Action Press/Rex Features, pp18, 61, 90; ©Jean-Marc Quinet/Rex Features, p20; ©Macduff Everton/Corbis, p25; ©Dan Talson/Rex Features, p34; ©Stefano Bianchetti/Corbis, p36; ©Richard List/Corbis, p38; ©Paul Cooper/Rex Features, p41; ©NWI/Rex Features, p41; ©Pitchal Frederic/Corbis Sygma, p41; ©Sipa Press/Rex Features, pp41, 80; ©C.Columbia/Everett/Rex Features, p54; ©Stewart Cook/Rex Features, p58; ©Bettmann/Corbis, p61; ©RCK/Rex Features, p62; ©Woman's Own/Rex Features, p67; ©Andrew Drysdale/Rex Features, p67; ©Owen Franken/Corbis, p67; ©Saukkomaa/Rex Features, p80; ©ACP/Rex Features, p89; ©Peter Brooker/Rex Features, p89; ©Albert Ferreira/Rex Features, p89; Camilla Morandi/Rex Features, p90; ©XWF/Rex Features, p91; ©Crollalanza/Rex Features, p91; ©Marquet/Rex Features, p91; ©Matthew Ashton/Empics, p91; ©Neal Simpson/Empics, p91; ©Cameron/Corbis, p91; ©EPA European Press Agency/ Photos, pp100, 101, 118; ©Cecil Dzwowa/Sylvia Cordaiy Photo Library, p100; ©Mark Pain/Rex Features, p103; ©Vinnie Zuffante/Rex Features, p103; ©Pa A. Souders/Corbis, p117; ©Richard Klune/Corbis, p117; ©Ray Tang/Rex Features, p120.

The following photographs are reproduced courtesy of: Corel, pp9, 12, 25, 34, 35, 41, 62, 67, 81, 103, 118; Digital Vision/Gettyimages, p9; Photodisc, p9, 6 62, 91, 116, 117; Photodisc/Gettyimages, p12.

The authors and publishers would like to thank the following for permission to reproduce copyright material:
Texte de Kidi Bebey © Okapi, Bayard Presse Jeunesse, 2002, p68; © European Communities, 1995–2004, p81; © Planète Jeunes N°42 Jacqueline Kerguéno.

All efforts have been made to contact copyright holders. In the few cases where copyright holders could not be traced, due acknowledgement will be given in future reprints if the copyright holders make themselves known to the publishers.

Orders: please contact Bookpoint Ltd, 130 Milton Park, Abingdon, Oxon OX14 4SB. Telephone: (44) 01235 827720, Fax: (44) 01235 400454. Lines are op from 9.00 - 6.00, Monday to Saturday, with a 24 hour message answering service. You can also order through our website at www.hodderheadline.co.uk.

British Library Cataloguing in Publication Data
A catalogue record for this title is available from The British Library

ISBN 0 340 811714

First published 2004
Impression number   10 9 8 7 6 5 4 3 2 1
Year   2007 2006 2005 2004

Typeset by Pantek Arts Ltd, Maidstone, Kent.
Printed in Italy for Hodder & Stoughton Educational, 338 Euston Road, London NW1 3BH.

CONTENTS

Instructions and Rubrics   vi
Salut!   1

Unit 1: Ailleurs   2

A. **L'Europe** *Learning the names of European countries*   2

B. **Les pays francophones** *Learning the names of African countries*   4

C. **Les nationalités** *Asking someone's nationality*   6

D. **Quel temps fait-il?** *Talking about the weather*   8

E. **Quand il fait beau...** *Using connectives in sentences; talking about activities*   10

F. **Et s'il pleut?** *Making your sentences more complex; talking about activities and the weather*   12

G. **On interviewe!** *Using different question types; talking about your home*   14

H. **On discute!** *Talking about where you live; expressing opinions*   16

I. **C'est combien?** *Numbers over 100; checking word endings*   18

J. **Lecture et Culture: Aminata** *Learning about daily life and young people*   20

Unit 2: C'est où?   22

A. **Une ville imaginaire** *Words about progress. Places in the town*   22

B. **Où exactement?** *Using prepositions; giving directions*   24

C. **La première ou la deuxième?** *Using imperatives and ordinal numbers; more directions*   26

D. **Ne tournez pas à droite!** *Making sentences negative*   28

E. **Au parc d'attractions** *Following instructions*   30

F. **On lance le défi aux stars!** *Using the present tense with regular –ir verbs*   32

G. **Comment vas-tu à l'école?** *Checking verb endings; talking about transport*   34

H. **Jojo se balade à Paris** *Using the present tense with regular –re verbs*   36

I. **Le guide touristique** *Writing continuous text; a guided tour of a town*   38

J. **Lecture et Culture: À Paris!** *Using a text as a model; learning about people's lives*   40

Unit 3: On va s'amuser!   42

A. **Je vais passer un bon week-end!** *Talking about your weekend; using the immediate future tense in the first person singular*   42

B. **Une semaine de vacances** *Learning to use the immediate future tense; learning about word order*   44

C. **Madame Zelda fait des prédictions** *Making predictions for the future; learning that some words have different meanings*   46

D. **Tout est bien qui finit bien?** *Using further forms of the near future tense*   48

E. **À la colonie de vacances** *Saying when you will do something; adding time indicators and connectives to sentences*   50

F. **Tu veux aller au ciné?** *Inviting someone to do something; expressing what you want to do*   52

G. **Toujours des questions!** *Revising different types of questions*   54

H. **Des excuses!** *Giving excuses; learning some French slang*   56

I. **Un rendez-vous!** *Revising ways to keep a conversation going; expressions to make your spoken French more natural*   58

J. **Lecture et Culture: L'histoire de France** *Some key historical facts about France; how spelling and punctuation can help with meaning*   60

Unit 4: À vos marques! Prêts! Mangez!   62

A. **J'adore manger!** *Learning some food and drink items; using a dictionary*   62

B. **Le petit déjeuner français** *Using more expressions in the negative; saying what you have for breakfast*   64

C. **C'est bon?** *Giving your opinion on different foods*   66

D. **Une recette** *Understanding a recipe; recognising different types of text*   68

E. **J'écris une recette** *Learning how to say 'some'; writing a recipe according to a set form*   70

F. **Au marché** *Describing different quantities of food; practising listening for gist and detail*   72

G. **J'ai mangé... j'ai bu** *Saying what you have eaten and drunk and giving an opinion on it; talking about the past*   74

H. **Qu'est-ce que tu as fait?** *Talking about what you did in the past; the perfect tense of regular –er verbs*   76

I. **À vos marques! Prêts! Cuisinez!** *Constructing more complex sentences*   78

J. **Lecture et Culture: À vos marques! Prêts! Mangez!** *Reading about foods linked to different cultures*   80

Unit 5: Vive la mode! 82

A. **Les fringues** *Connectives; talking about clothes* 82

B. **Les détails** *Extended sentences; describing clothes* 84

C. **Les couleurs** *Plurals of nouns and adjectives; colours; 'this' and 'these'* 86

D. **La mode** *Evaluating and improving what you say; opinions on clothes* 88

E. **Les francophones célèbres** *Famous French-speaking people; physical appearance* 90

F. **Le look** *Adding expression to speech; different looks* 92

G. **Les publicités** *Making comparisons; adverts* 94

H. **On parle du passé** *Past tense of* –ir *verbs* 96

I. **Je me prépare** *Present tense of reflexive verbs; daily routine* 98

J. **Lecture et Culture: En Afrique** *Hobbies, clothes and musical preferences in Africa* 100

Unit 6: En vacances 102

A. **Je pars en vacances!** Il me faut; *holiday items* 102

B. **Bon voyage!** Il faut + *infinitive; describing a journey* 104

C. **On donne des directions** *Connectives; explaining a route* 106

D. **Un rendez-vous** *Listening for gist and detail; exceptions to sounds and spellings; arranging a meeting* 108

E. **Bienvenue!** *Modal verbs; welcoming a guest* 110

F. **Des invités** *Using verb tables; talking about guests* 112

G. **Des cadeaux** *Direct object pronouns; saying thank you for presents* 114

H. **Des cartes postales** *Present, past and future tenses; writing a holiday postcard* 116

I. **Merci beaucoup!** *Using a text as a source of language; saying thank you for a holiday* 118

J. **Lecture et Culture: Le grand quiz** *Extended sentences; answering questions featured in* Avance! 2 120

En avance! 122

Grammaire 128

Vocabulaire: Français–Anglais 132

Glossary: English–French 136

The instructions or rubrics for the activities in **Avance! 2** are all in French. We've given you the English translation in a few instances. If you need to check what the instructions mean, here is a list of the main ones you'll meet:

- À haute voix — (Read) out loud
- Apprends/Apprenez par cœur — Learn by heart
- À tour de rôle — Take turns
- À trois — In groups of three
- Attention à... — Be careful about/look out for...
- Cherche dans un dictionnaire — Look in a dictionary
- Cherche l'intrus — Look for the odd one out
- Choisis la bonne réponse — Choose the appropriate/right answer
- Choisis la réponse/le mot juste — Choose the right answer/word
- Choisis parmi les mots... — Choose from the words...
- Complète la grille — Fill in the table
- Contre la montre! — Against the clock!
- Corrige les fautes — Correct the mistakes
- Dessine... — Draw...
- Dis ... à l'envers! — Say ... backwards!
- Écoute/Écoutez... — Listen...
- Écoute pour vérifier — Listen to check
- Écris/Écrivez (une lettre) — Write (a letter)
- Fais correspondre... — Match up...
- Fais bien attention à... — Be careful about...
- Fais (écris) un résumé — Make (write) a summary
- Fais un sondage — Do a survey
- Faites des dialogues — Make up dialogues
- Indique... — Show...
- Jouez au morpion! — Play noughts and crosses!
- Lis/Lisez... — Read...
- Mets ces phrases/ces mots dans le bon ordre — Put these sentences/these words into the right order
- Mets les mots dans la bonne colonne — Put the words into the right columns
- Note/Notez les points forts — Note down the main points
- Note/Notez les informations suivantes — Note down the following information
- Parle/Parlez... — Speak...
- Pose des questions — Ask questions
- Prends/Prenez des notes — Take notes
- Quel mot/phrase va suivre? — What word/sentence will come next?
- Reconstitue... — Put back together/Put in the right order...
- Recopie... — Copy out...
- Regarde/Regardez... — Look (at)...
- Relie... — Link (together)...
- Remplis les blancs — Fill in the gaps
- Répète/Répétez — Repeat
- Réponds/Répondez aux questions — Answer the questions
- Suis le texte — Follow the text/the story
- Traduis... — Translate...
- Travaille avec un(e) partenaire — Work with a partner
- Trouve comment on dit en français/anglais — Find the French/English for
- Vrai ou faux? — True or false?

Salut!

Welcome to **Avance! 2**.

Avance! 2 will help you build on the French you learnt in **Avance! 1**. You will learn about lots of new topics such as food, holidays, transport and clothes. **Avance! 2** will help you to build on your knowledge of tenses and to read longer texts. You will also continue to learn about pronunciation and language structures. You will come across and learn about new places and people from different francophone countries.

As you've already been learning French for a year, you'll find that lots of the instructions in **Avance! 2** are in French. Don't worry if you forget what any of them mean – use the list of instructions opposite to help you.

Your lessons will follow the same order as with Avance 1.

ON COMMENCE! – LET'S START!

All of the lessons in **Avance! 2** start with an activity to warm you up! Remember from now on, that **On commence** means 'Let's start'.
Then, you move on to the serious learning:

ON APPREND – LET'S LEARN

Remember that **On apprend** means 'Let's learn'.

In the course of your learning, you'll find these boxes:

J'AVANCE – I AM MAKING PROGRESS

These boxes come up throughout **Avance! 2** They are designed to help you with your learning. Make sure you read them very carefully.

Sometimes, we ask you to do things against the clock **Contre la montre!**, or as a memory challenge – **Test de mémoire.**

At the end of each lesson, it's time for reflection:

ON RÉFLÉCHIT! - LET'S REFLECT!

Remember that **On réfléchit** means 'Let's reflect'.

Don't just think that learning French takes place in the classroom. You can learn and practise at home too. All the activities in **Avance! 2** are designed to help you to learn and make progress.
We hope that you will continue to enjoy learning French through **Avance! 2. Bonne chance!**

Colin Christie   Anneli McLachlan   Eleanor Mayes

UNIT ①

AILLEURS
A L'Europe

Learning objectives
- You will learn to say and understand the names of European countries
- You will revise the present tense of **–er** verbs

ON COMMENCE

Contre la montre! Relie le français et l'anglais.

Exemple: *habiter → to live*

> habiter —— tu habites —— to live
> elle habite   you (singular) live   vous habitez
> I live   she lives
> they live   j'habite   ils habitent   you (plural) live   nous habitons   we live

ON APPREND

L'Europe

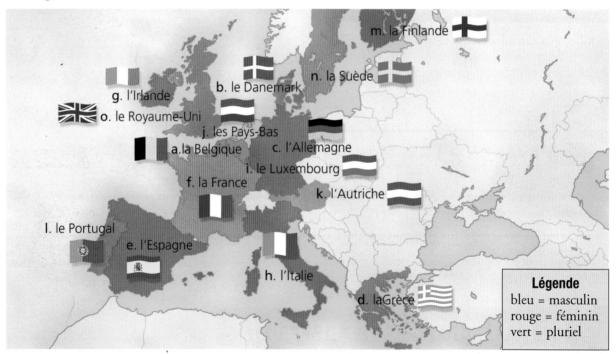

- m. la Finlande
- n. la Suède
- b. le Danemark
- g. l'Irlande
- o. le Royaume-Uni
- j. les Pays-Bas
- c. l'Allemagne
- a. la Belgique
- i. le Luxembourg
- f. la France
- k. l'Autriche
- l. le Portugal
- e. l'Espagne
- h. l'Italie
- d. la Grèce

Légende
bleu = masculin
rouge = féminin
vert = pluriel

1 **Écoutez!**

Indique le pays que tu entends.
Point to each country as you hear it.

2 **Écoutez!**

Où habitent-ils? Écris 1 à 15. Écris la lettre juste.

Exemple: *1. J'habite en Allemagne.*

J'AVANCE

Why do you think you have heard three different words for 'in'?

Examples:

J'habite en	Belgique Allemagne Grèce
J'habite au	Danemark Luxembourg Royaume-Uni
J'habite aux	Pays-Bas

The word that you use for 'in' depends on whether the country is masculine, feminine or plural. Most countries are feminine – but not all, as we can see!

3 Parlez!

'En', 'au' ou 'aux'? Travaille avec un(e) partenaire. Que dites-vous?

Exemple: *a Personne A – Où habites-tu?*
Personne B – J'habite en Espagne.

4 Lisez!

Lis ce passage et réponds aux questions en anglais.
a What does the circle of stars represent?
b Why is the number twelve important?
c Find the French for: star – circle – people – symbol.

Le drapeau européen
Sur un fond bleu, douze étoiles forment un cercle et représentent l'union des peuples d'Europe.
Le nombre douze est le symbole de la perfection…

ON RÉFLÉCHIT!

Contre la montre! Fou du foot!
La coupe européenne imaginaire.
Écris les résultats de cinq matchs. Suis ce modèle:

France 5	Irlande 2

B Les pays francophones

ON COMMENCE

C'est dans quel continent? Regarde le tableau. Écris des phrases suivant le modèle.
Which continent is it in? Look at the table. Write sentences following this model.

Exemple: *La Belgique, c'est en Europe.*

Europe	Afrique	Amérique
la Belgique	la Côte d'Ivoire	le Québec
le Luxembourg	le Burkina Faso	la Guyane française
la Suisse	le Maroc	
la France	la Tunisie	

ON APPREND

1 Écoutez! ──────────────────────────────

Où habitent-ils? Recopie ces prénoms et écris le nom du pays où ces personnes habitent.

Exemple: *Omar – Algérie*

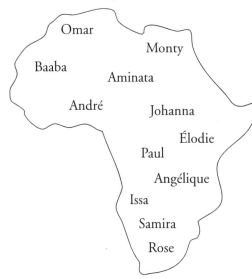

2 Écoutez! ──────────────────────────────

Écris 1 à 12. C'est où? C'est vrai ou faux? Écris V ou F.

Exemple: *1. Quelle est la capitale du Bénin?*
C'est Porto-Novo → V

J'AVANCE

Remember that whether you use **au** or **en** depends on whether the country is masculine or feminine…
Copy and complete this grid for the African countries you've learnt.

en	au
Algérie	Bénin

3 Parlez!

Regarde la carte de l'Afrique. Travaille avec un(e) partenaire. Faites des dialogues suivant ces modèles.

Quelle est la capitale de la Guinée-Bissau?

C'est Bissau.

Brazzaville, c'est au Gabon?

Non! C'est au Congo.

Yaoundé, c'est au Cameroun?

Oui!

4 Écoutez!

Écris 1 à 5. Pour chaque personne note les informations suivantes.
Write 1 to 5. Note the following details for each person.

Exemple:

Nom: Christophe
Ville: Rabat
Pays: Maroc

5 Écrivez!

Regarde tes notes pour l'activité 4. Récris les phrases à la troisième personne.
Look at your notes for activity 4. Re-write the sentences in the third person.

Exemple:

Je m'appelle Christophe.   →   Il s'appelle Christophe.
J'habite à Rabat. C'est au Maroc.   →   Il habite à Rabat. C'est au Maroc.

? ON RÉFLÉCHIT!

Récris les phrases à la troisième personne.
Exemple: Il s'appelle Enrique Iglesias. Il habite à Madrid. C'est en Espagne.

Je m'appelle Enrique Iglesias. J'habite à Madrid. C'est en Espagne.

Je m'appelle Julia Roberts. J'habite à Los Angeles. C'est en Amérique.

Je m'appelle Laetitia Casta. J'habite à Londres. C'est en Angleterre.

C Les nationalités

Learning objectives

- You will learn to say and understand different nationalities
- You will learn how to use spelling and punctuation to help you with meaning
- You will revise the verb **être** ('to be') and also endings of adjectives

ON COMMENCE

C'est masculin ou féminin? Recopie et remplis la grille. Rajoute la lettre du drapeau correct.

Exemple:

masculin	féminin	anglais
anglais	*anglaise*	*English*

b:

allemand   écossaise   antillais
espagnol   écossais
indien   anglaise   français   indienne
espagnole
française   allemande   antillaise   anglais

 (a)
 (b)
 (c)
 (d)
 (d)
 (f)
 (g)

ON APPREND

1 Écoutez!

Écris 1 à 6. Écris la bonne lettre pour chaque personne.

Exemple: *1. Voici un jeune <u>Français</u>. Il s'appelle Pierre. Il a 13 ans. Il habite à Paris.* → b

Trevor
13 ans
Kingston

Pierre
13 ans
Paris

Rory
14 ans
Glasgow

Aliya
13 ans
Birmingham

Hans
14 ans
Berlin

Tanika
14 ans
Delhi

J'AVANCE 1

Did you notice that in activity 1, the word for Frenchman (**un Français**) has a capital 'F'? Spelling and punctuation can often help you with meaning. What nationalities would you write for the other people in activity 1?

When you come across spelling that helps with meaning, note down any examples in the grammar section of your exercise books.

2 Écoutez et chantez!

Nous sommes les citoyens du monde

Moi, **je suis** britannique.
Toi, **tu es** de la Martinique.
Mon ami Mo **est** nigérien,
Sachin Tendulkar, **il est** indien.
Kylie Minogue **est** australienne.
Et Shakira **est** colombienne!
Ils sont allemands,
Elles viennent du Gabon!
Vous êtes de quelle nationalité?
Nous sommes tous les citoyens du monde,
Nous sommes tous les citoyens du monde!

3 Écrivez!

Dans la chanson, trouve l'équivalent français des expressions suivantes.

Exemple: I am = je suis

I am   you are (singular)   they are (masculine)
you are (plural)   we are   he is

 J'AVANCE 2

Remember that most adjectives follow this pattern:

masculine singular	feminine singular	masculine plural	feminine plural	English
espagnol	espagnole	espagnols	espagnoles	Spanish
allemand	allemande	allemands	allemandes	German

 ON RÉFLÉCHIT!

a Travaille avec un(e) partenaire. Faites une conversation suivant ce modèle:

Tu es de quelle nationalité?
Je suis anglais.

b Regarde les notes pour l'activité 1. Travaille avec un(e) partenaire. Faites des conversations suivant ce modèle:

Il est de quelle nationalité?
Il est antillais.

D Quel temps fait-il?

> **Learning objectives**
> • You will learn how to talk about the weather
> • You will learn that words and phrases can have different meanings in different contexts

ON COMMENCE

Reconstitue le verbe 'faire' au présent! Écris l'anglais.

Exemple: *faire = to do/to make*

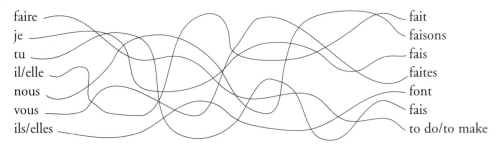

faire
je
tu
il/elle
nous
vous
ils/elles

fait
faisons
fais
faites
font
fais
to do/to make

ON APPREND

1 Écoutez!

Écoute bien et indique le temps que tu entends.

il pleut

il neige

il fait beau

il fait mauvais

il fait chaud

il fait froid

il y a du soleil

il y a du vent

il y a du brouillard

il y a des orages

2 Parlez!

Travaille avec un(e) partenaire. Faites des conversations en regardant les symboles de l'activité 1. La personne A choisit un symbole et pose la question, la personne B répond.

Exemple: A – *Quel temps fait-il?*
　　　　　　B – *Il y a du soleil.*

3 Écoutez!

Écris 1 à 10. C'est vrai ou faux? Écris V ou F.

Exemple: *1. – Quel temps fait-il en Suisse?*
– En Suisse il neige → V

1 Suisse

2 Belgique

3 Grèce

4 Irlande

5 Portugal

6 Algérie

7 Madagascar

8 Mali

9 Sénégal

10 Autriche

J'AVANCE

Have you noticed that words can have different meanings in different contexts? You have learnt the verb **faire** as 'to do/ to make':

je fais mon lit — I make my bed
je fais mes devoirs — I do my homework

Now we meet **faire** with the weather:

il fait chaud — it's hot
il fait froid — it's cold

So we see that **il fait** can mean 'it's' as well as 'he does/he makes'. Languages work in different ways. Can you think of any English words that have different meanings in different contexts? How about the word 'bank'? How many different things can 'bank' mean?

4 Parlez!

Travaille avec un(e) partenaire. Faites des conversations en regardant les symboles de l'activité 3. La personne A choisit un pays et pose la question, la personne B répond.

Exemple: *A – Quel temps fait-il en Suisse?*
B – Il neige.

ON RÉFLÉCHIT!

Récris ces phrases correctement et trouve la photo qui correspond à chaque phrase.

Exemple: *1. Je fais du camping – f*

1 fais du je camping
2 fait il beau
3 la fait elle de natation
4 snowboard je fais du
5 froid il fait
6 fais ski je nautique du

E Quand il fait beau...

Learning objectives

- You will learn some words frequently used as connectives
- You will revise the present tense of **–er** verbs and **aller**

ON COMMENCE

Travaille avec un(e) partenaire. Contre la montre! La personne A choisit une image, la personne B dit quel temps il fait.

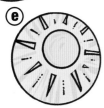

ON APPREND

 Lisez!

Relie les phrases et les bonnes images.

Exemple: *1 h*

1 Je regarde la télé.

2 Je fais mes devoirs.

3 J'écoute mes CDs.

4 On va en ville.

5 Je regarde les DVDs.

6 Je fais du vélo.

7 On fait du karaté.

8 On va au cinéma.

9 Je vais au parc.

10 Je fais de la danse.

J'AVANCE 1

Remember that verb endings in the present tense change more in French than in English – think back to the present tense of '**-er**' verbs.

Je regard<u>e</u>	I watch
tu regard<u>es</u>	you (1 friend) watch
il/elle/Paul/on regard<u>e</u>	he/she/Paul/one watches
nous regard<u>ons</u>	we watch
vous regard<u>ez</u>	you (plural/polite) watch
ils/elles/ Paul et Claire regard<u>ent</u>	they/Paul and Claire watch

On is a very common pronoun. Literally, it means 'one', but French speakers use it to mean 'we' a great deal. You meet it every time you use **Avance** – **On commence/On apprend/On réfléchit**. **On** takes the same form of the verb as **il/elle/Paul**.

One irregular verb that you already know is **aller** (to go). Write out the whole of this verb:

je vais   I go

---

2 Lisez!

Suis les fils pour trouver le français pour ces mots.

because   quand
if   parce que
then   si
when   puis

 J'AVANCE 2

You already know at least three connectives:

et = and
mais = but
parce que = because

Now you've met more. Watch out for **si**, which becomes **s'** when followed by **il**.
Example: S'il fait beau, je vais au parc.

---

3 Écoutez!

Remplis les blancs. Choisis des mots dans la case.

Exemple: *1. S'il pleut, je regarde la télé et je fais mes devoirs*

et	quand	parce qu'	puis	
parce qu'	s'	quand	quand	

1 _____ 'il pleut, je regarde la télé _____ je fais mes devoirs.
2 J'écoute mes CDs _____ il y a des orages.
3 Je vais en ville _____ _____ 'il fait beau.
4 Je fais du snowboard _____ il neige.
5 Je vais au cinéma _____ il fait mauvais.
6 Aujourd'hui, je vais au parc _____ _____ 'il y a du soleil, _____ je vais en ville.

---

4 Parlez!

Travaille avec un(e) partenaire. À tour de rôle. Que dites-vous?

Exemple: *1. Je fais de la danse s'il fait mauvais.*

1		+	si	+
2		+	quand	+
3		+	quand	+
4		+	parce que	+

? ON RÉFLÉCHIT!

Écris des phrases pour les symboles et images de l'activité 4.

Exemple: *Je fais de la danse s'il fait mauvais.*

F Et s'il pleut?

ON COMMENCE

Prépare une liste du vocabulaire que tu penses tu vas entendre dans ce bulletin de météo. Tu gagnes un point pour chaque expression que tu identifies correctement. Puis écoute!

Prepare a list of the vocabulary you think you are about to hear in this weather forecast. Award yourself a point for each expression that you identify correctly. Then listen!

ON APPREND

1 Écoutez!

Écris 1 à 6. Quel mot ou phrase va suivre? Choisis le mot ou l'expression juste parmi ces possibilités.

Exemple: *1. Je fais de l'équitation, s'il pleut.*

1 **a** joue
   b pleut
   c parle

2 **a** avec ma sœur
   b aller
   c jouer

3 **a** gymnastique
   b regarde
   c trois

4 **a** frère
   b soleil
   c internet

5 **a** en ville
   b il y a du brouillard
   c au Sénégal

6 **a** la télé
   b français
   c faire mes devoirs

J'AVANCE

Prediction is a good technique to use when you are listening or reading. Trying hard to think about the language you might hear in advance is a very useful skill that will give you confidence. Predict what types of words – nouns, verbs or adjectives – you might hear for these topics:

la famille | les animaux | la maison | les activités

2 Écoutez et lisez!

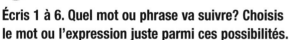

① Je me présente, je m'appelle Dédé et j'habite à Avignon
② dans le sud de la France. J'aime bien habiter là, c'est une très jolie ville.
   En été, quand il fait beau, on va au bord de la mer. Nous ne sommes pas
③ loin de la mer.
   En hiver, quand il neige, je vais à la montagne faire du ski avec ma famille. C'est génial.
   Moi, j'aime faire du sport. S'il fait mauvais, je fais du karaté, mais s'il fait beau, je vais à la piscine et je fais de la natation parce que j'adore nager. ④

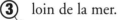

⑤ Le soir, je joue au foot avec des amis puis je fais mes
   devoirs ou je regarde la télé. Ça dépend des profs!
   Pour aider à la maison, je mets la table et je range ma
   chambre parce que mon père me donne de l'argent de poche.

① You may not know exactly what this means, but you can predict from the fact that Dédé has already told us the town he lives in – Avignon. What might he then go on to explain in this phrase?

② You know that there is going to be another clause here after 'when it's nice weather'. What sort of phrase might come next?

③ Look how this complex sentence is built up so simply. Translate Dédé's sentence into English. Generally, try to put as much detail as this into what you say and really build up your French. Keep in mind the questions: Who? What? Where? When?

④ Again, look at how this sentence uses connectives to build. Make a list of the ones that come up here. These little words are really important in building up your French, so make sure you use them as often as you can.

⑤ Again, excellent use of connectives to make the sentence more complex: **puis… ou** as well as details like **le soir** (in the evening) and **avec** (with) to add more simple detail. Do you know how to say 'in the morning' and 'in the afternoon'?

3 Lisez!

Lis encore une fois le texte sur Dédé dans l'activité 2. Puis relie correctement les deux parties des phrases.

Exemple: *Dédé habite à Avignon, dans le sud de la France.*

Dédé habite à Avignon,	il fait du karaté.
En été, quand il fait beau,	il va à la montagne faire du ski avec sa famille.
En hiver, quand il neige,	parce que son père lui donne de l'argent de poche.
S'il fait mauvais,	il va à la piscine et il fait de la natation parce qu'il adore nager.
Mais s'il fait beau,	dans le sud de la France.
Le soir, il joue au foot avec des amis	il va au bord de la mer.
Il met la table et il range sa chambre	puis il fait ses devoirs ou il regarde la télé.

? ON RÉFLÉCHIT!

Écris des phrases en choisissant un mot approprié pour relier les deux parties.

Exemple: 1. *Je fais mes devoirs <u>quand</u> il fait mauvais.*

Ou   *Je fais mes devoirs <u>s'il</u> fait mauvais.*

G On interviewe!

ON COMMENCE

Écris 1 à 9. Mets ces questions dans l'ordre où tu les entends.

Exemple: *1. Tu t'appelles comment?* → *c*

Aurélie

a Où habites-tu?
b Quel temps fait-il à Haïti?
c Tu t'appelles comment?
d Qu'est-ce que tu fais pour aider à la maison?
e Tu habites dans une maison, n'est-ce pas?
f Qu'est-ce qu'on cultive à Haïti?
g Habites-tu dans un village ou dans une grande ville?
h Est-ce que tu as des frères et sœurs?
i Tu as quel âge?

ON APPREND

J'AVANCE 1

You already know that there are different words in French for 'my/your'. If you want to say 'his/her' it's easy too. Look at the table below:

	Masculine singular	Feminine singular	Plural
my	mon	ma	mes
your	ton	ta	tes
his/her	son	sa	ses

Remember, these words change depending on whether the thing you are talking about is masculine or feminine, singular or plural.

son frère = his/her brother
sa sœur = his/her sister
ses parents = his/her parents

If a feminine word begins with a vowel, use **mon/ton/son** before it for ease of pronunciation.

1 Écoutez et écrivez!

Remplis les blancs. Choisis parmi les mots dans la case.

Exemple: _Aurélie habite à Thiotte à Haïti, ..._

son		sa	elle		
sa	a		travaille		ses
Aurélie				prépare	

_____ habite à Thiotte à Haiti, dans un village au bord de la mer.

_____ petite maison est en pierre.

Aurélie _____ trois frères. _____ frères s'appellent Antoine, Thomas et Christophe.

Elle aide _____ maman. Elle _____ le dîner et _____ _____ dans le jardin.

_____ père cultive le café.

2 Parlez!

Travaille avec un(e) partenaire. Refaites l'interview avec Aurélie.
La personne A pose les questions.
La personne B répond comme Aurélie.

Exemple: _A – Tu t'appelles comment?_
B – Je m'appelle Aurélie.

J'AVANCE 2

Let's recap on question formation. Here are five possibilities. How many questions can you think of for each type?

1 Using normal word order and intonation – making your voice rise at the end of the question:
   Tu t'appelles comment?

2 Using inversion like English.
   Où habites-tu? ('Where do you live?')
   Habites-tu dans un village ou dans une grande ville? ('Do you live in a village or in a large town?')

3 Using **n'est-ce pas?**, which invites you to agree ('isn't it?'/'don't you?', depending on context!).
   Tu habites dans une maison, n'est-ce pas? ('You live in a house, don't you?')

4 Using **Est-ce que...?** as a question marker.
   Est-ce que tu as des frères et sœurs? ('Do you have any brothers or sisters?')

5 Using **Qu'est-ce que... ?** ('What... ?').
   Qu'est-ce que tu fais pour aider à la maison? ('What do you do to help at home?')
   Qu'est-ce qu'on cultive à Haïti? ('What do they grow in Haiti?')

3 Écrivez!

Quelle serait la question?
What would the question be?

Exemple: _En France → Où habites-tu?_

En France	Les tournesols
Oui, une ferme	Non, je suis fils unique
Oui, trois chiens	Je range ma chambre
Yannick	14 ans

ON RÉFLÉCHIT!

Choisis le bon mot pour chaque phrase.
Exemple: 1. son

1 Son/sa/ses père s'appelle Marc.
2 Son/sa/ses chats sont amusants.
3 Son/sa/ses sœur est intelligente.
4 Son/sa/ses frères sont grands.
5 Son/sa/ses crayon est bleu.
6 Son/sa/ses opinions sont nulles.

H On discute!

Learning objectives

- You will learn to express more opinions in French
- You will practise playing for thinking time when you're speaking

ON COMMENCE

C'est positif ou négatif? Mets ces opinions/expressions dans la bonne colonne et écris l'anglais.

Positif	Négatif	En anglais
j'adore		

j'adore	c'est intéressant	je suis d'accord	c'est juste	moi aussi
je déteste	c'est super	je ne suis pas d'accord		moi non plus
	c'est fantastique			
	c'est amusant			
	c'est nul			
	c'est ennuyeux			

ON APPREND

1 Écoutez et lisez!

1 – Laurence, tu aimes habiter en Belgique?
– Euh, tu sais… je trouve que c'est ennuyeux.

2 – Et toi, Katty, tu aimes habiter en Belgique?
– Non, je suis d'accord avec Laurence, je déteste habiter en Belgique. Je trouve que c'est nul.

3 – Tu aimes habiter au Maroc, Mohamed?
– Oui… j'adore habiter au Maroc, c'est super.

4 – Et toi, Najoua, tu aimes habiter au Maroc?
– Oui, moi aussi, j'aime beaucoup habiter au Maroc – c'est fantastique!

5 – Tu aimes habiter au Sénégal, Jean?
– Ah oui, j'adore habiter au Sénégal. C'est très intéressant.

6 – Et toi, Fémi?
– Moi, je ne suis pas d'accord. Je déteste habiter au Sénégal, c'est nul.

Est-ce qu'ils aiment y habiter?
Copie la grille et écris les opinions.

Personne	Pays	Opinion
Laurence	Belgique	ennuyeux

2 Lisez!

Trouve comment on dit ces expressions en français dans les conversations de l'activité 1.

Exemple: *Do you like…? = Tu aimes…?*

1 Do you like…?
2 Well, you know…
3 I think that...
4 I agree
5 It's rubbish
6 Me too
7 It's fantastic

3 Parlez!

Travaille avec un(e) partenaire. 'Tu aimes habiter en…?' Voici une liste de pays: La personne A pose la question et donne son opinion, la personne B donne sa réaction.

Exemple: A – *Tu aimes habiter en Suisse? Je trouve que c'est super.*
B – *Euh, tu sais, je ne suis pas d'accord. C'est nul! Je déteste habiter en Suisse!*

La Suisse
La Tunisie
La Guadeloupe
La France
Le Gabon

4 Lisez!

C'est vrai ou c'est faux?

Exemple: *1 V*

1 Stéphanie aime la Suisse.
2 En hiver, il pleut.
3 Elle fait du ski quand il neige.
4 En été elle fait du ski nautique.
5 Elle aime le soleil.

Moi, je m'appelle Stéphanie. J'adore habiter en Suisse. En hiver, quand il neige, je suis tout près des Alpes alors je fais du ski presque tous les jours. En été, quand il fait beau, je me bronze au bord du lac ou je pars en bateau. Je trouve ça génial – j'adore le soleil. Pour moi c'est vraiment super!

ON RÉFLÉCHIT!

Travaille avec un(e) partenaire.
La personne A pose la question, 'C'était comment le cours de français aujourd'hui?'.
La personne B donne son opinion.
La personne A n'est pas d'accord.

c'était = it was

nul   amusant

intéressant   fantastique   super   ennuyeux

C'est combien?

ON COMMENCE

Travaille avec un(e) partenaire.
Jouez au morpion.

20	39	25
18	7	31
14	5	12

ON APPREND

1 Écoutez et répétez!

40	quarante	60	soixante	81	quatre-vingt-un
41	quarante et un	61	soixante et un	90	quatre-vingt-dix
42	quarante-deux	62	soixante-deux	91	quatre-vingt-onze
50	cinquante	70	soixante-dix	92	quatre-vingt-douze
51	cinquante et un	71	soixante et onze	100	cent
52	cinquante-deux	72	soixante-douze	1000	mille
		80	quatre-vingts		

2 Parlez!

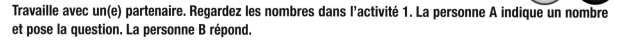

Travaille avec un(e) partenaire. Regardez les nombres dans l'activité 1. La personne A indique un nombre et pose la question. La personne B répond.

Exemple: A – *C'est combien?*
B – *Quarante euros.*

J'AVANCE 1

The rules for adding 's' to numbers are important. If the number is exactly 'two hundred', 'three hundred', etc., you need to add an 's' to **cent**.

cent = one hundred
deux cents = two hundred

If the number is 'one hundred and something', you don't need an 's'.

deux cent vingt = two hundred and twenty

Mille never adds an 's'.

mille = one thousand
deux mille = two thousand

3 **Écoutez!**

Écoute bien et suis le texte.

Voici Édouard l'excessif.
Il a dépensé huit mille euros.
Il a acheté beaucoup d'animaux:
Trois cents oiseaux…
Cent chevaux…
Huit cents chapeaux…
et cinq mille cadeaux.

dépensé = spent
acheté = bought

4 **Écrivez!**

Dans le texte de l'activité 3, trouve comment on dit les nombres suivants en français.

Exemple: *100 = cent*

| 100 | 800 | 300 | 5000 | 8000 |

 J'AVANCE 2

In French, most plural nouns are formed by adding an 's' as in English, but there are exceptions:

singulier	pluriel	anglais
animal	animaux	animal(s)
cheval	chevaux	horse(s)
oiseau	oiseaux	bird(s)
cadeau	cadeaux	present(s)
chapeau	chapeaux	hat(s)

Make sure you learn these exceptions and any more that you come across as you go along!

 ON RÉFLÉCHIT!

Travaille avec un(e) partenaire.
Regardez l'activité numéro 3.
La personne A pose la question,
la personne B répond.

Exemple: *A – Tu as combien*
d'oiseaux?
B – J'ai trois cents
oiseaux.

A – Tu as combien de
chevaux?
B – J'ai ….

Lecture et Culture: Aminata

Aminata   15 ans
'Bleu, ma couleur préférée'

① 'Quand vous m'avez demandé d'apporter un objet important, pour la photo, je n'ai pas hésité. J'ai pensé immédiatement à ce foulard bleu. Bleu, ma couleur préférée. Ma mère me l'a offert pour l'Aïd*. Je le porte souvent, si je le perdais, je serais vraiment triste.

② Ma mère, mes 9 frères et sœurs, toute ma famille qui habite à Toulouse près de moi, mes oncles, mes tantes, mes grands-parents qui vivent au Sénégal: il n'y a rien de plus important pour moi. Je suis née à Toulouse, mais je me sens plus sénégalaise que française. Peut-être parce que ma mère continue à parler sa langue maternelle, le wolof, à faire la cuisine sénégalaise.

③ J'aime visiter le Sénégal. J'y suis allée deux fois, pendant les grandes vacances: il fait beau, je suis heureuse là-bas. Mon prénom est sénégalais. J'aime mon prénom, même si je dois le répéter aux gens qui ne le comprennent pas tout de suite. Sans doute parce que je suis très timide, je n'aime pas parler de moi, ce n'est pas facile. Je suis une fille réservée, sauf peut-être quand je fais du hip-hop ou quand je danse! J'adore ça.'

*La fête de l'islam qui commémore le sacrifice d'Abraham.

1 Lisez!

Lis l'article. Recopie cette grille et remplis les colonnes avec les mots du texte.

Les membres de la famille	Les nationalités	Les adjectifs	Les verbes au présent	Les infinitifs
mère				

2 Lisez!

Dans quelle section est-ce qu'Aminata parle de:

a sa famille?   **b** son objet préféré?   **c** sa personnalité?

3 Lisez!

Quel est le lien?
What does each set of expressions have in common?

Exemple: *a. These are all connectives.*

a quand, si, mais, même si   **c** je n'ai pas hésité, je n'aime pas, ce n'est pas facile
b Toulouse, l'Aïd, le Sénégal   **d** j'ai, je suis, je fais

4 Lisez!

Réponds à ces questions en anglais.

Exemple: *a.*   *Why did Aminata bring her scarf for the photograph?*
           – Because her scarf is her favourite object.

Section 1

a Why did Aminata bring her scarf for the photograph?
b Who gave Aminata the scarf and why?

Section 2

c What is the most important thing for Aminata?
d What does she say about her mother?

Section 3

e How often has she been to Sénégal? How was the weather?
f What does Aminata say about her personality?

5 Parlez!

Tu es Aminata, réponds à ces questions.

Exemple: *– Quel objet est important pour toi?*
           – Mon foulard bleu.

- Quel objet est important pour toi?
- Parle-moi de ta famille.
- Où es-tu née?
- Tu es de quelle nationalité?

UNIT 2

C'EST OÙ?

A **Une ville imaginaire**

Learning objectives

- You will revise the names of some places in town
- You will learn some terms to help you under-stand how much progress you are making

ON COMMENCE

Relie le français et l'anglais.

Exemple: *Ton niveau est très impressionnant – Your level is very impressive*

Ton niveau est très impressionant.
Tu dois utiliser un vocabulaire plus varié.
Il faut donner des opinions quand tu écris.
Tu dois améliorer ton orthographe.
Il faut utiliser les adverbes pour améliorer ton travail.
Tu dois vérifier les accords.

You must check agreements.
You must improve your spelling.
Your level is very impressive.
You have to give opinions when you write.
You have to use adverbs to improve your work.
You must use more varied vocabulary.

ON APPREND

Superville

Le boulevard 'Bon appétit'
h le restaurant
i le café

La place des passe-temps
a le bowling
b le cinéma

c La plage

La rue 'On se repose'
j les magasins
k le parc

L'avenue de l'avenir

d l'école
e l'église
f le collège
g la mosquée

Le square sportif
l la patinoire
n le stade
m la piscine

1 Écoutez! ——————

Écris 1 à 14. Regarde le plan de Superville. Qu'est-ce qu'il y a en ville? Écris la bonne lettre à chaque fois.

Exemple: *1. Qu'est-ce qu'il y a en ville? Il y a le bowling → a*

2 Écoutez! ——————

Écris 1 à 6. Emmanuel et Sophie se promènent en ville. Écris ce qu'ils cherchent et le nom de la rue où ça se trouve.

Exemple: *1. le stade – le square sportif*

3 Écoutez!

Écris 1 à 6. C'est où? Dessine le symbole et la direction à prendre.

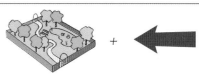

Exemple: 1   +   ⬅

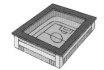

4 Parlez!

Travaille avec un(e) partenaire. Regardez les symboles pour l'activité 3.
La personne A pose la question, la personne B invente une réponse.

Exemple: *A – Où est la mosquée?*
B – Allez tout droit.

J'AVANCE 1

Can you remember how to ask where something is?

- **Où est le/la…?**   Where is the…?
- **Où sont les…?**   Where are the…?
- **C'est où, le/la…?** Where is the…?

And how to give directions?

- **Tournez à droite**

- **Tournez à gauche**

- **Allez tout droit**

J'AVANCE 2

There are different words for 'the' and 'a' in French. You need to change the word you are using if you are asking 'Is there **a** café?' or 'Where is **the** park?'. Make sure you use the one you need.

	Masculine singular	Feminine singular	Plural
the	le/l'	la/l'	les
a	un	une	des (some)

ON RÉFLÉCHIT!

a) Travaille avec un(e) partenaire. La personne A pose la question, 'Est-ce qu'il y a… à Superville?'. La personne B répond. Faites douze conversations.
Exemple: *A – Est-ce qu'il y a un stade?*
B – Oui, sur le square sportif.

b) Qu'est-ce qu'il y a en ville? Écris une description de Superville. Continue cet exemple:
Sur la place des passe-temps, il y a un cinéma et…

B Où exactement?

Learning objectives

- You will revise prepositions you already know and will learn some new ones
- You will learn how to use gender to help you with understanding

ON COMMENCE

Écris 1 à 5. C'est quelle image?
Écris la bonne lettre.

Exemple: *1. La souris est devant la table* → *d*

derrière   dans
sur   sous   devant

ON APPREND

 J'AVANCE

Here are some new prepositions to learn:

en face de = opposite
près de = near to
à côté de = next to
au bout de = at the end of
entre = between

Can you remember what happens to **de** when it meets **le**, **la**, **l'** and **les**? Here is a grid to help you:

Masculine	de + le = du
Feminine	de + la = de la
Begins with a vowel	de + l' = de l'
Plural	de + les = des

Those prepositions that take **de** change depending on whether the thing they are describing as opposite/near to/next to is masculine, feminine or plural:

La patinoire	est	à côté	**du**	bowling
Le café	est	en face	**de la**	piscine
L'église	est	au bout	**de la**	rue
Le collège	est	à côté	**de l'**	église
La piscine	est	près	**des**	magasins

Remember to use **de l'** before nouns beginning with a vowel or a silent 'h'.

1 Écoutez!

Écris 1 à 9. Qu'est-ce que c'est? Écris le mot anglais.

Exemple: *1. ice rink*

2 Parlez!

Travaille avec un(e) partenaire. Regardez le plan pour l'activité 1.
La personne A pose une question, la personne B répond.

Exemple: A – *Où est le cinéma?*
B – *Le cinéma est entre le café et le restaurant.*

3 Lisez

C'est vrai ou faux? Écris V ou F. Si c'est faux, refais la phrase correctement.

Exemple: *1. La piscine est à côté de l'église → F*

1 La piscine est à côté de l'église.
2 La piscine est à côté du bowling.
3 Le restaurant est en face des magasins.
4 L'église est à côté du cinéma.
5 La piscine est en face du café.
6 Le bowling est entre le restaurant et les magasins.

ON RÉFLÉCHIT!

ⓐ Remplis les blancs. Choisis parmi les mots dans la bulle.

La patinoire est _____ le café.
Les magasins sont _____ _____ du restaurant.
Le cinéma est _____ le café et le restaurant.
Le collège est _____ de la patinoire.
Le restaurant est _____ le bowling.

devant   en face   près
entre   derrière

ⓑ Écris cinq phrases pour décrire la position des choses dans une ville imaginaire.

C La première ou la deuxième?

Learning objectives

- You will learn more directions and how to say ordinal numbers – 'first, second, third'
- You will revise how to use the imperative in the **tu** and **vous** forms

ON COMMENCE

C'est singulier ou pluriel? Mets les instructions dans la bonne colonne.

Singulier	Pluriel
regarde	

regarde regardez écoute écrivez parlez lis travaille

ON APPREND

1 Écoutez!

Écoute, lis et répète.

1 Prenez la première rue à droite.

2 Prenez la deuxième rue à droite.

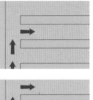

3 Prenez la troisième rue à droite.

4 Prenez la quatrième rue à droite.

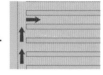

5 Prenez la cinquième rue à droite.

2 Parlez!

Travaille avec un(e) partenaire. Contre la montre! Changez la direction des instructions dans l'activité 1.

Exemple: *1. Prenez la première rue à droite → Prenez la première rue à gauche.*

3 Écoutez!

Écris 1 à 6. Choisis la bonne lettre pour chaque instruction.

Exemple: *1. Traversez la place → e*

(a)  (b)   (c)  (d) 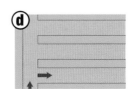 (e)

J'AVANCE

Instructions such as 'listen', 'take', 'go', are called imperatives. In French we meet imperatives in two forms. Firstly, in the **tu** form – if you are talking to one friend – or in the **vous** form – if you are talking to lots of people or being polite to one person.

With **–er** verbs, you will see that the imperative in the **tu** form drops the final 's'.

Copy the grid and put these imperatives into the right column:

Singulier	Pluriel

continue   prends   tournez   traversez
traverse
tourne   continuez   prenez

 4 Écoutez et chantez!

Où est le café?

Prenez la troisième à droite,
Puis tournez à gauche et traversez le pont.

Prenez la deuxième à droite,
Traversez la place, passez devant le resto,

Puis continuez tout droit,
Toujours tout droit, le café est en face de vous.

ON RÉFLÉCHIT!

Écris l'impératif logique pour accompagner ces mots.

Exemple: *Regarde ton cahier.*

ton cahier	regarde
le professeur	continue
la date	écoute
à gauche	tourne
tout droit	écris

D Ne tournez pas à droite!

Learning objectives
- You will learn how to use negatives with the imperative
- You will learn some new negative words

ON COMMENCE

Récris ces phrases correctement et relie-les avec le bon symbole.

Exemple: *1. Je n'aime pas danser.* → d

a

b

c

d

e

f

1 n'aime pas danser je

2 je pas serpents les n'aime

3 je n'ai sœurs pas de

4 n'aimes tu aller pas cinéma au?

5 pas intelligent n'est il

6 sortir elle pas n'aime

ON APPREND

1 Écoutez!

Écris 1 à 6. Écris la lettre de l'impératif que tu entends.

Exemple: *1. Ne prenez pas la première rue à droite.* → b

> **a** Continuez tout droit.
> **b** Ne prenez pas la première rue à droite.
> **c** Ne traversez pas la place.
> **d** Prenez la deuxième rue à droite.
> **e** Ne tournez pas à droite.
> **f** Tournez à gauche.

J'AVANCE 1

Remember, to make a verb negative you have to sandwich **ne…pas** around it.

Je <u>ne</u> suis <u>pas</u> – I am not
Je <u>ne</u> joue <u>pas</u> – I am not playing
To make an imperative negative, you use the same sandwich!

<u>Ne</u> prends <u>pas</u>/<u>Ne</u> prenez <u>pas</u> – Don't take
<u>Ne</u> tourne <u>pas</u>/<u>Ne</u> tournez <u>pas</u> – don't turn

Remember, if **ne** is followed by a vowel or a silent 'h' it becomes **n'**. For example, **n'écris pas**, and **n'hésite pas**.

② Parlez!

Travaille avec un(e) partenaire. Que dites-vous?

Exemple: *Ne traversez pas le pont.*

  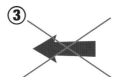 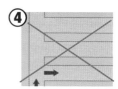 

③ Écoutez!

Fais ce que dit Simon.

④ Écoutez et lisez!

Écoute et lis ce poème où une mère parle à son fils.

Nicolas tu es si négatif…

Tu ne parles jamais à tes parents,
Tu es toujours si impatient.

Tu ne fais jamais tes devoirs,
Tu te lèves toujours tard.*

Tu parles toujours au téléphone,
Mais tu ne réponds pas quand ça sonne,

Tu ne fais rien pour aider à la maison,
Tu te plains* d'être en prison.

Nicolas, c'est dur la vie!*
Secoue-toi et s'il te plaît, souris!

> tard = late
> tu te plains = you complain
> c'est dur la vie = life's hard
> souris = smile (imperative)

Trouve comment on dit les expressions suivantes en français:

1 You never speak to your parents
2 always
3 you never answer when it rings
4 You complain of being in prison
5 Wise up and please smile

J'AVANCE 2

You know the **ne…pas** sandwich. There are all sorts of other negative sandwich flavours!

ne…jamais = never
ne…rien = nothing
Tu <u>ne</u> fais <u>jamais</u> tes devoirs – You never do your homework
Tu <u>ne</u> fais <u>rien</u> pour aider à la maison – You do nothing to help at home

As you can see, these wrap around the verb just like **ne…pas**.

ON RÉFLÉCHIT!

Traduis ces phrases en français.
Exemple: 1. *Je n'écoute jamais.*

1 I never listen.
2 She doesn't like cats.
3 I don't understand anything.
4 I do nothing to help at home.
5 He never telephones.
6 I never do my homework.

Au parc d'attractions

ON COMMENCE

Contre la montre! Mets ces mots en ordre
alphabétique et cherche leur sens dans
le dictionnaire ou dans la section 'Vocabulaire'.

montez   visitez   escaladez
                                    entrez
regardez   mangez   descendez

ON APPREND

 Écoutez et lisez!

Les tours du monde
Le plus grand parc d'attractions du monde! Près de mille attractions!

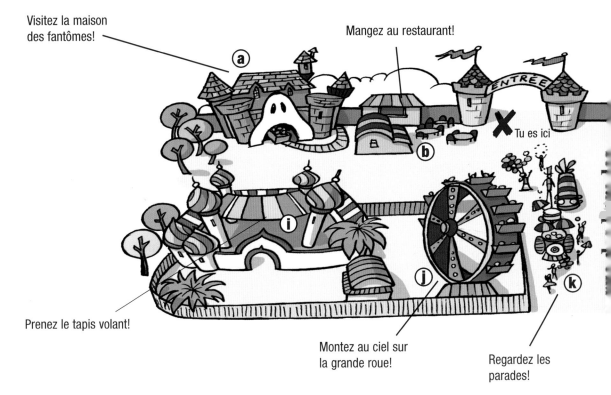

Visitez la maison des fantômes!

Mangez au restaurant!

Tu es ici

Prenez le tapis volant!

Montez au ciel sur la grande roue!

Regardez les parades!

 Écoutez!

Écris 1 à 10. C'est où? Écoute les instructions. On parle de quelle attraction?

Exemple: *1. Allez tout droit. Prenez la première rue à gauche, c'est en face du pont suspendu.* → *f*

3 Parlez!

Travaille avec un(e) partenaire. La personne A choisit une attraction et explique comment y aller.
La personne B dit le nom de l'attraction. Puis changez de rôle.

Exemple: A – *Allez tout droit, prenez la deuxième à droite. C'est entre l'étoile filante et la chasse au trésor.*
B – *C'est la chute d'eau magique.*

4 Écrivez!

Dessine ton parc d'attractions idéal avec une liste d'impératifs pour les visiteurs.

5 Lisez!

Lis l'activité 1. Que choisis-tu?

Exemple: *1 d*

1 Tu aimes l'alpinisme.
2 Tu aimes les animaux.
3 Tu aimes l'eau.
4 Tu aimes voler.
5 Tu aimes le soleil.

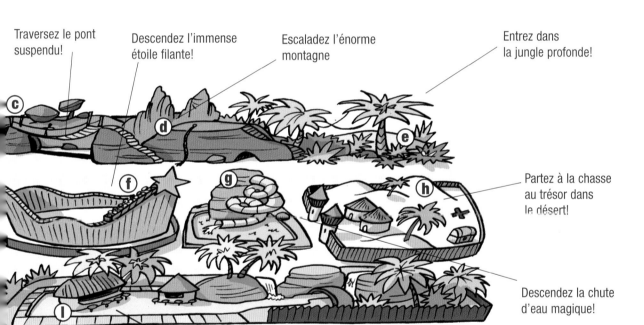

Traversez le pont suspendu!

Descendez l'immense étoile filante!

Escaladez l'énorme montagne

Entrez dans la jungle profonde!

Partez à la chasse au trésor dans le désert!

Descendez la chute d'eau magique!

Visitez les petites Antilles et prenez un cocktail exotique!

6 Lisez!

Écris une liste des adjectifs dans ces montagnes russes.

ON RÉFLÉCHIT!

Travaille avec un partenaire. Mettez tous les impératifs de l'activité 1 au singulier.
Exemple: *traversez → traverse*

F On lance le défi aux stars!

ON COMMENCE

Écris 1 à 6. Choisis l'infinitif pour compléter la phrase correctement.

Exemple: *1. J'aime **danser** sur de la musique pop.*

jouer ~~danser~~ manger préparer
écouter regarder

ON APPREND

1 Écoutez et lisez!

Bienvenue dans la jungle! On lance le défi* aux stars! Bernadette Starlette est avec nous. Voici son défi! Si elle finit avec quatre étoiles, elle va gagner! Regardez-la…

Elle franchit la rivière.

Elle bondit sur le pont suspendu.

Elle saisit une étoile.

Elle saisit une deuxième, une troisième, une quatrième étoile.

Elle finit essoufflée*.

un défi = a challenge
essoufflé(e) = out of breath

2 Parlez!

Travaille avec un(e) partenaire. Lisez le texte pour l'activité 1 à haute voix.

Écrivez!

Trouve tous les verbes qui figurent dans la bande dessinée après 'si' dans la première image.
Traduis-les en anglais.

Write down all the verbs that figure in the cartoon strip after 'if' in the first frame. Translate them into English.

Exemple: *elle finit = she finishes*

J'AVANCE 1

You have learnt lots of the verbs from the **–er** group and some irregular verbs in the present tense. Brainstorm them quickly!
Another group of verbs that you need to know are **–ir** verbs. **Finir** = to finish, **bondir** = to leap, **choisir** = to choose, **saisir** = to seize. Remember, you have to learn the different endings.

finir – to finish	
je finis	I finish
tu finis	you finish (1 friend)
il/elle/on/Paul finit	he/she/one/Paul finishes
nous finissons	we finish
vous finissez	you finish
ils/elles/Paul et Claire finissent	they/Paul and Claire finish

If you are not sure of a verb ending, you might look it up in a verb table. What you will find will be set out in a similar fashion to **finir** above. Verb tables help you to say what you want to say. To find the part of the verb that you need, you must look for:

1 the infinitive
2 the tense you want to check – so here, the present
3 the person – **je/tu/il/elle/on/nous/vous/ils/elles** – that you want to check.

Chantez!

je finis
tu finis
il finit
nous finissons
vous finissez
ils finissent
je finis
tu finis
il finit
nous finissons
vous finissez
ils finissent

ON RÉFLÉCHIT!

Travaille avec un(e) partenaire. Jouez au morpion avec le verbe **choisir**!

infinitif	tu	il
vous	je	elle
ils	elles	nous

G Comment vas-tu à l'école?

Learning objectives

- You will learn how to improve the quality of your speaking
- You will learn how to talk about different types of transport and will revise using connectives

ON COMMENCE

Relie ces parties de phrases correctement.

Exemple: *Je vais à la piscine quand il fait beau.*

Je vais à la piscine ———— parce que j'adore ça

Aujourd'hui, je vais au parc — et manger du chocolat

J'écoute des CDs ———— quand il fait beau

Je vais à la plage — puis chez mon père

Je vais chez mon ami — mais s'il pleut, je reste à la maison

Ce soir je vais danser — s'il y a du soleil

ON APPREND

 1 Écoutez!

Comment vont-ils à l'école? Écris 1 à 10. Écris la bonne lettre à chaque fois.

Exemple: *1. Je vais à l'école en moto.* → f

a en voiture

b en autobus

c en métro

d en car

e en vélo

f en moto

g en avion

h en bateau

i en train

j à pied

 2 Parlez!

Travaille avec un(e) partenaire. Contre la montre! La personne A choisit une photo de l'activité 1 et pose la question. La personne B dit les mots français correspondants.

Exemple: *A – Comment vas-tu à l'école?*
B – En voiture.

 **J'AVANCE**

It is important to discriminate between the sounds that you will hear in activity 4. Practise with a partner so that you can make and hear the difference between **ou** and **u** in French.

3 Écoutez!

Écris 1 à 6. Qu'est-ce que tu entends? Écris a ou b.

Exemple: *1 a*

1 a tu   **3 a** tout   **5 a** douze
   b vous   **b** tu   **b** du
2 a en autobus   **4 a** Toulouse   **6 a** sous
   b au bout de la rue   **b** Le Puy   **b** sur

4 Écoutez et lisez!

Fais bien attention aux lettres soulignées.
Pay special attention to the underlined letters.

J'aime voyager en TGV – c'est le train à grande vitesse.

C'est <u>con</u>fortable, <u>ra</u>pide et intéressant.

Je pense aussi qu'il est <u>im</u>portant de protéger l'envir<u>onne</u>ment.

C'est pour ça que je préfère voyager en train.

5 Parlez!

Travaille avec un(e) partenaire. Lisez le passage sur le TGV à haute voix.
Attention à l'intonation et à la prononciation.

 ## ON RÉFLÉCHIT!

Travaille avec un(e) partenaire.
Jouez au morpion!

Exemple: *Je vais à la patinoire*
en train.

H Jojo se balade à Paris

ON COMMENCE

Travaille avec un(e) partenaire. Trouvez la forme correcte du verbe. Regardez la page 128 comme référence.

1 Ils (regarder) un film.
2 Elle (danser) sur de la musique pop.
3 Nous (jouer) au tennis.
4 J'(écouter) des CDs.

5 Tu (choisir) un CD.
6 Vous (choisir) un DVD.
7 Je (finir) mes devoirs.
8 Il (saisir) ses affaires.

ON APPREND

 Écoutez et lisez!

'Je m'appelle Jojo. Je me balade à Paris.'

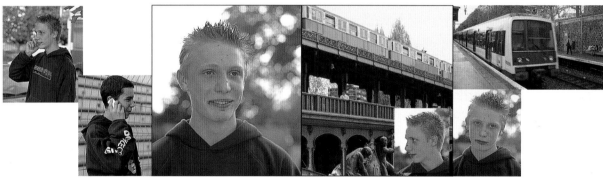

Je réponds au téléphone – mon ami m'invite chez lui.

J'attends l'autobus.

J'entends le métro.

Je rate le métro.

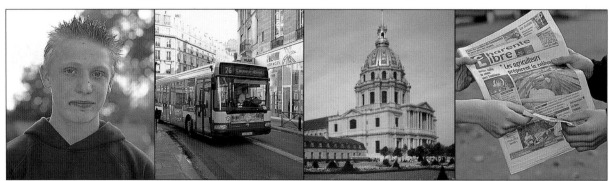

J'entends l'autobus.

Je prends l'autobus.

Je descends au boulevard des Invalides.

Un marchand vend des journaux. Je lui donne cinq euros. Il me rend quatre euros vingt centimes.

J'AVANCE

So now we know about **–er** and **–ir** verbs, and irregular verbs in the present tense.
Here is another group of verbs. We met lots of **–re** verbs in *Je m'appelle Jojo. Je me balade à Paris.*
Can you match up the French meanings to the English?

attendre   to hear
rendre   to get off/go down
vendre   to reply
entendre   to wait
répondre   to sell
descendre   to give back

Here's the model:
répond**re** – to reply

je répond**s**	I reply
tu répond**s**	you reply
il/elle/on/Paul répon**d**	he/she/one/Paul replies
nous répond**ons**	we reply
vous répond**ez**	you reply
ils/elles/Paul et Claire répond**ent**	they/Paul and Claire reply

> **prendre** – Be careful: 'to take' looks like an **–re** verb but behaves slightly differently. We'll have more on this later.

 Parlez!

Travaille avec un(e) partenaire. Lisez *Je m'appelle Jojo. Je me balade à Paris* **à haute voix. Apprenez l'histoire par cœur.**

 Écrivez!

Écris l'histoire de Jojo à la troisième personne.

Exemple: *Il s'appelle Jojo. Jojo se balade à Paris. Jojo répond au téléphone…*

 ON RÉFLÉCHIT!

Trouve et écris 6 verbes à l'infinitif dans le serpent. Écris aussi l'anglais.

Le guide touristique

Learning objectives

- You will learn how to write a simple guided tour of your home town
- You will reinforce how to change sentences or answer questions by substituting or adding details

ON COMMENCE

Relie les mots français et les mots anglais.

Exemple: *c'est* → *it's*

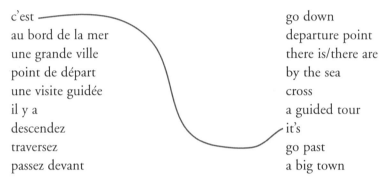

c'est	go down
au bord de la mer	departure point
une grande ville	there is/there are
point de départ	by the sea
une visite guidée	cross
il y a	a guided tour
descendez	it's
traversez	go past
passez devant	a big town

ON APPREND

1 Écoutez, lisez et suivez!

Montpellier se trouve au bord de la mer. C'est une grande ville et elle est très intéressante. Voici une visite guidée pour vous!

- Allez à pied. Point de départ: devant l'opéra.
- Traversez la place de la Comédie. Il y a le Musée Languedocien et le musée du Vieux Montpellier.
- Tournez à gauche, puis à droite – rue de l'Aiguillerie. Tournez à gauche, et traversez la place des Martyrs de la Résistance. C'est fantastique!
- Descendez la rue Foch. Continuez tout droit jusqu'à l'Arc de Triomphe. La promenade du Peyrou est en face de vous.
- Tournez à droite et passez devant la Cathédrale Saint-Pierre. Le Jardin des Plantes est sur la gauche.

Voici la ville de Montpellier.

2 Écrivez!

Écris le texte d'une visite guidée de la ville/du village où tu habites.

	Je vous présente ma ville
Say where you live	J'habite à…
Say what type of town/village it is, and where	C'est un petit village/une grande ville au bord de la mer/à la campagne/à la montagne
Present your guided tour	Voici ma visite guidée pour vous
Say how they should travel	Allez à pied/en…
Departure point	Point de départ – devant/derrière…
Give a direction	Tournez/Continuez/Traversez…
Say what there is to see	Il y a…
Give a different direction	Tournez/Prenez/Descendez…
Give the name of the street	C'est…
Say what there is to see	Il y a…
Say what else there is to see	Il y a aussi…
Give an opinion	C'est…
Continue to give directions and point out attractions until the tour is at an end.	
Summing up	Voici ma ville.

3 Parlez!

Enregistre ta visite guidée sur cassette ou CD.

Record your guided tour on cassette or CD.

ON RÉFLÉCHIT!

Ces verbes appartiennent à quel groupe?

elle choisit   j'écoute   il va   tourne

je danse   tu es   elle répond

je finis   nous faisons   descendez

–er	–re	–ir	irrégulier
Je danse			

J Lecture et Culture: À Paris!

Londres, le 3 septembre

Cher Philippe,

Merci pour ta lettre. J'espère que tu vas bien.

Je suis très content d'aller dans ton collège à Paris du 13 jusqu'au 18 juin. Je suis très impatient de voir la tour Eiffel.

Tu peux m'envoyer une carte de Paris s'il te plaît, et une photo de toi?

Je vais bien, mais j'ai beaucoup de devoirs en ce moment.

Ce week-end, je vais regarder un match de foot à Londres et puis manger au restaurant avec ma famille.

Et toi, qu'est-ce que tu vas faire?

Amitiés,
Mark

 J'AVANCE

You can take useful phrases from a letter or text (see activity 1) and reuse them in a letter of your own. You can also change some details to write your own version of the text (see activity 2).
Take care to change agreements where necessary:

Je suis content (m) → **Je suis contente** (f)
Cher Philippe → **Chère Hélène**

---

1 Lisez!

Lis la lettre et trouve comment on dit en français:

1 Thank you for your letter.
2 I am very happy to…
3 With best wishes
4 Can you send me…?
5 I hope you are well.

2 Écrivez!

Écris une lettre avec les informations suivantes:

• A visit to Saint-Tropez from 20th–28th March
• You are keen to see the beach and would like to receive a photo of your penfriend's school
• Describe some different weekend activities

3 Lisez!

Lis le texte et trouve d'abord les mots transparents. Puis mets les images a-j dans le bon ordre.

Read the passage, and find the cognates (true friends) and near-cognates first. Then, put the pictures a–j in the right order.

Exemple: *1c*

Paris se trouve dans le nord de la France et deux millions de personnes habitent dans la capitale. On peut visiter les monuments célèbres comme la tour Eiffel, l'Arc de Triomphe et la Grande Arche de la Défense, ou bien visiter les égouts souterrains. Beurk! Pour ceux qui aiment la culture, Paris compte le musée du Louvre, le Musée d'Orsay et le centre Georges-Pompidou parmi ses attractions. N'oubliez pas aussi le grand choix de magasins: la Samaritaine, par exemple, vous offre beaucoup de variété mais aussi une belle vue sur Paris de sa terrasse au neuvième étage. Il y a des restaurants et cafés fantastiques pour le déjeuner ou on peut faire un pique-nique dans un parc, comme le jardin du Luxembourg, s'il fait beau. On peut se déplacer facilement en métro, bus, taxi ou même bateau-mouche. Le soir il y a beaucoup de possibilités: les bars, pour boire ou même jouer au babyfoot, les restaurants, les discothèques et le théâtre. Si on a le temps on peut passer une journée inoubliable à Disneyland Paris.

4 Lisez!

Lis le texte sur Paris et complète la fiche (*the card*):

> *Paris*
>
> Population: ....
>
> Situation: ....
>
> Transport: ....
>
> **Monuments célèbres:** ....
>
> **Activités nocturnes:** ....

UNIT 3

ON VA S'AMUSER!

A Je vais passer un bon week-end!

ON COMMENCE

Écris 1 à 8. Tu vas entendre 8 phrases. Pour chaque phrase, écris P (présent) ou F (futur).

Exemple : *1. Je vais regarder la télé → F*

ON APPREND

J'AVANCE

You have learnt to talk about what you will do in the future, using **je vais** + the infinitive:

Je	**vais**	**surfer**	**sur l'internet.**
I	am going	to surf	the internet.

1 Écoutez et lisez!

Mon week-end

Écris 1 à 8. Écris la bonne lettre pour chaque numéro.

Exemple: *1 h*

a Ce sera cool.

b Je vais rendre visite à mes grands-parents.

c Je vais faire la vaisselle.

d Ce sera ennuyeux!

e Je vais jouer au tennis.

f Je vais aller au cinéma.

g Je vais faire beaucoup de devoirs.

h Je vais regarder la télé.

Écoutez!

Amélie décrit son samedi. Écris 1 à 4 et la bonne lettre.
Écoute encore une fois. Elle fait les activités quand?

Exemple : *1. Le matin, je vais faire mon lit → d*

1 Je vais faire   a    b    c    d

2 Je vais regarder   a    b    c    d

3 Je vais jouer   a    b    c    d

4 Je vais aller   a    b    c    d

Parlez!

Invente un dialogue avec un(e) partenaire. Créez un week-end idéal.
Choisissez une activité pour chaque verbe (1 à 4) de l'activité 2.

Exemple: A – *Je vais regarder un film d'action.*   A – *Je vais jouer au foot.*
            B – *Oui, moi aussi je vais regarder un film d'action.*   B – *Non, je vais jouer aux jeux vidéo.*

Lisez!

Théo décrit ses plans pour le week-end. Choisis le bon verbe.
Ce week-end je vais (1) *faire/jouer* au tennis, je vais (2) *aller/avoir* en ville, je vais (3) *regarder/faire* du shopping et je vais (4) *jouer/regarder* un film d'aventure. Je vais (5) *être/aller* content(e) et ce (6) *sera/jouer* cool! Je vais aussi (7) *regarder/faire* mon lit et je vais (8) *être/avoir* beaucoup de devoirs. Ce (9) *faire/sera* ennuyeux.

Écrivez!

Décris:
a un week-end fantastique
b un week-end ennuyeux.

Ce week-end, je vais jouer..., je vais regarder...,
je vais aller... et je vais faire... Ce sera...

ON RÉFLÉCHIT!

Complète les phrases au futur.

1 Je _____ _____ au foot.
2 Je _____ _____ au cinéma.
3 Je _____ _____ des CDs.
4 Je _____ _____ beaucoup de devoirs.
5 Ce _____ cool !

B Une semaine de vacances

ON COMMENCE

Dis dans le bon ordre, et ensuite à l'envers, aussi vite que possible:

a les jours

b les nombres 20–11

(a) lundi   vendredi   samedi   mercredi   mardi   jeudi   dimanche

(b) onze   douze   dix-neuf   vingt   treize   quinze   quatorze   seize   dix-sept   dix-huit

ON APPREND

 Écoutez et lisez!

C'est vendredi et c'est les vacances. Xavier planifie sa semaine.

a Ce soir   **b** Après   **c** Tous les jours   **d** Demain

e Dimanche   **f** Mardi prochain   **g** Jeudi soir   **h** Le week-end prochain

 Écoutez!

Mets les phrases dans le bon ordre. Ne regarde pas les images!

1 Je vais regarder un bon DVD.
2 Je vais acheter un nouveau portable.
3 Je vais faire les courses en ville.
4 Je vais jouer à des jeux fantastiques sur l'ordinateur.
5 Je vais regarder un film intéressant au cinéma.
6 Je vais rester au lit jusqu'à midi.
7 Je vais manger une grande portion de frites.
8 Je vais aller chez un ami. Il habite dans un petit village.

Parlez!

Travaille avec un(e) partenaire. Posez des questions.

Qu'est-ce que tu vas faire demain/après-demain/lundi/le week-end prochain/tous les jours?

Exemple: *A – Qu'est-ce que tu vas faire demain?*

B – Je vais regarder un film intéressant au cinéma. Et toi?

 J'AVANCE 1

The order of words in French is often similar to that in English. Sometimes they can be varied:

Demain	**je vais**	**aller**	**au cinéma**	**avec mes amis**	OR
	Je vais	**aller**	**au cinéma**	**avec mes amis**	**demain**
(Tomorrow)	I am going	to go	to the cinema	with my friends	(tomorrow).

Remember though that adjectives come after the noun in French (**un film *intéressant***).

However, what do you notice about the position of the following adjectives in activity 2: **grand/petit/bon/nouveau**? What do they mean?

 Lisez!

Écris des phrases. Mets les mots dans le bon ordre.

Exemple: *1. Je vais rester au lit jusqu'à midi tous les jours.*

1 *jusqu'à midi   je vais rester au lit   tous les jours*

2   je vais acheter   demain   nouveau   un   portable

3   je vais aller   prochain   en ville   le week-end

4   jeudi   un   film   je vais regarder   soir   bon

5   grand   ce soir   je vais manger   un   hamburger

 Écrivez!

C'est vendredi et c'est les vacances! Quels sont tes plans?
Écris un paragraphe.

ce soir:

tous les jours:

après:

samedi:

jeudi soir:

ON RÉFLÉCHIT!

Travaille avec un partenaire. Décidez si l'ordre des mots est correct ou pas.
Corrigez les phrases qui ne sont pas justes.

1 Je vais regarder le week-end prochain un DVD.

2 Je vais acheter un magazine intéressant.

3 Je vais manger une pizza petite.

4 Prochain lundi je aller vais en ville.

5 Mardi soir je vais jouer à la Playstation.

G Madame Zelda fait des prédictions

Learning objectives
• You will learn how to make predictions for the future
• You will learn that the same words can have different meanings

ON COMMENCE

Travaille avec un(e) partenaire Qu'est-ce que tu voudrais faire?
Fais un dialogue.

Exemple: A – D'abord, je voudrais aller en Australie.
Ensuite, je voudrais jouer pour l'équipe d'Angleterre. Et toi?
B – D'abord...Ensuite...

a gagner à la loterie
c rencontrer *Miss Dynamite*
e rencontrer *Blue*
g être célèbre

b aller en Australie
d habiter dans un château
f jouer pour l'équipe d'Angleterre
h aller dans l'espace

ON APPREND

 Lisez!

Remplis les blancs avec les mots dans la case.

> vas   devoirs
>   lit   France   grand-mère

1 a Bruno, tu vas passer des **heures** à **faire** tes _____.

b Bruno, tu vas **faire** ton _____.

2 Serge, tu vas jouer **pour** l'équipe de _____.

3 Petit Chaperon Rouge, tu vas
sauver ta _____ à trois **heures**.

4 Michel, tu _____ aller à Berlin **pour** rencontrer ton héros, Michael Schumacher.

 Madame Zelda

 Écoutez!

Écoute pour vérifier!

J'AVANCE

You will remember from Unit 1 that there are some words which mean
different things in different contexts.

Think of English:
'I <u>can</u> swim' and 'I bought a <u>can</u> of cola'.

The colour-coding will help you to pick out the different meanings.

Here are some examples from activity 1. For each example, write out the translation of the coloured words and the full phrase.

Example: 1a **faire tes devoirs**
         b **faire ton lit**

1 a **to do** your homework
  b **to make** your bed
2 a spend **hours**
  b at three **o'clock**
3 a **for** the French team
  b **in order to** meet
4 a **at** three o'clock
  b **to** Berlin

 Parlez!

Travaille avec un(e) partenaire. Regardez l'activité 1. La personne A dit le nom du personnage et pose la question. La personne B répond: 'Je vais…'
(Attention: ton/ta/tes → mon/ma/mes)

Exemple: A – Tu es Serge. Qu'est-ce que tu vas faire?
            B – Je vais …

Parlez!

Tu es Madame Zelda. Fais des prédictions pour ton/ta partenaire! Utilise les idées dans l'activité 'On commence'.

Exemple: – 'Tu vas rencontrer Britney Spears.'

Invente d'autres exemples!

 Lisez!

Lucile, qu'est-ce qu'elle dit ? Écris vrai (V), faux (F), ou pas mentionné (PM).

Je vais…
1 …acheter une petite voiture.
2 …habiter au bord de la mer.
3 …habiter dans un pays où il fait toujours beau.
4 …passer les vacances en Amérique.
5 …faire du shopping.
6 …continuer à faire le ménage.
7 …donner une voiture à mes parents.
8 …rencontrer beaucoup de personnes célèbres.

Parlez-nous de vos ambitions!

Je vais gagner beaucoup d'argent et acheter une grande voiture. Je vais aussi gagner à la loterie, bien sûr. Je vais habiter dans un château qui sera situé près de la plage dans un pays chaud où il y a du soleil tous les jours!

Je vais passer mes vacances aux États-Unis parce que j'adore faire les courses et acheter des vêtements à la mode. Je ne vais plus faire la vaisselle et passer l'aspirateur! Je vais rencontrer beaucoup de stars, par exemple Kylie.

Lucile, 13 ans

 ## ON RÉFLÉCHIT!

Remplis les blancs.
1 Je vais aller _____ Paris.
2 Je vais _____ mon lit.
3 Normalement, je me lève _____ dix heures le week-end.
4 Je vais _____ mes devoirs après l'école.
5 Le film dure deux _____.
6 Le film commence à 20 _____.

What do you notice about the meaning of **le** in sentence 3, compared with sentence 5?

D Tout est bien qui finit bien?

- You will learn to use further forms of the immediate future tense

ON COMMENCE

Écris 1 à 8. Écoute ces opinions. C'est positif ou négatif? Écris P ou N.

ON APPREND

J'AVANCE

By now, you will have come across all the different parts of the verb **aller** that form the near future tense. This is always followed by the infinitive:

je vais manger → I am going to eat
tu vas faire → you are going to do

Here are the parts of **aller** that you need:

je vais	nous allons
tu vas	vous allez
il/elle/on/Paul va	ils/elles/Paul et Claire vont

You have also learnt how to say 'it will be…':
ce sera super!
(This is a different way of forming the future that you will come across in Book 3.)

1 Parlez!

Travaille avec un(e) partenaire. Tu es réalisateur/-trice. Tu décides comment l'émission de télé va finir. Dis la fin que tu préfères et le bon verbe: va/vont/allons

Exemple: *1. Le chat va manger l'oiseau.*

2 "La Ferme"

a Nous _____ téléphoner à Marie.
b Nous _____ écrire à Marie.
c Nous n' _____ rien dire.

1 "Thomas et Pépé"
a Le chat _____ manger l'oiseau.
b Le chien _____ sauver l'oiseau.

3 "Salle des accidentés"
a Ils _____ se marier.
b Ils _____ se séparer.

4 "La Fortune"
a Nous _____ faire les magasins!
b Nous _____ donner l'argent à Oxfam.
c Nous _____ économiser l'argent.

2 Lisez!

Cher Pierre,

Quel week-end bizarre! Toute la famille fait des choses différentes.
Nous allons prendre le petit déjeuner ensemble. Puis moi, je vais
faire mes devoirs et après aller à la piscine. Ma mère et mon petit
frère vont aller au cinéma. Mon père va rester à la maison pour travailler dans le
jardin et passer l'aspirateur. Ma sœur va jouer au tennis avec ses amies et puis elles
vont aller au restaurant en ville à midi. Le soir, nous allons tous rendre visite à mon
grand-père parce que c'est son anniversaire.
Et toi? Tu passes des week-ends comme ça?!

À bientôt,

Cédric

Qui va faire ces activités? Écris pour chaque question: Cédric/mère/père/sœur/frère/toute la famille.

Qui va…

1 …regarder un film?

2 …faire du sport?

3 …manger en ville?

4 …travailler pour le collège?

5 …rendre visite au grand-père?

6 …nager?

7 …prendre le petit déjeuner?

8 …faire le ménage?

3 Écoutez!

**Les activités changent. Réponds aux questions 1 à 8 de l'activité 2. Écris:
Cédric/mère/père/sœur/toute la famille.**

ON RÉFLÉCHIT!

Lance un dé <u>trois</u> fois et fais des phrases. Utilise les verbes dans la case.

Throw a dice three times and construct sentences. Use the verbs in the box.

laver	écouter	
	faire	lire
jouer		regarder

Exemple: *Il va laver la voiture. Ce sera nul.*

1	je		super
2	tu		génial
3	il/elle		fantastique

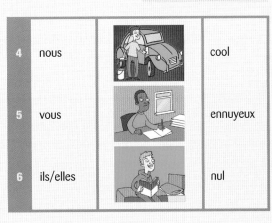

4	nous		cool
5	vous		ennuyeux
6	ils/elles		nul

E À la colonie de vacances

Learning objectives

• You will learn to say when you will do certain activities
• You will learn to add time indicators and connectives to sentences

ON COMMENCE

Trouve et écris six verbes à l'infinitif!

cahierdanserregardermangerpetitfrèrepréparerhabiter
amstagrder/janvier
micro/jouet

ON APPREND

Colonie de Vacances 'Allez-y' – Programme d'activités			
	aujourd'hui (vendredi)	**demain (samedi)**	**dimanche**
matin	**a** faire de l'équitation **b** faire des randonnées VTT	**g** faire du snowboard **h** faire des randonnées pédestres	**m** faire de la planche à voile **n** faire du canoë kayak
après-midi	**c** faire des tee-shirts **d** nager dans le lac	**i** faire des vidéos **j** jouer au tennis	**o** faire du théâtre **p** peindre
soir	**e** faire du camping **f** faire la cuisine	**k** jouer au ping-pong **l** créer des CDs	**q** créer un site web **r** jouer à la Playstation

 Lisez!

Regarde les images et le programme d'activitiés. Trouve comment on dit en français:

1 	2 	3 	4 
5 	6 	7 	8 

 **Écoutez!**

Écris 1 à 4. Écoute les activités choisies par ces jeunes.

Note: **a** les activités a–r du programme   **b** une opinion   **Exemple:** *1 g, l, p – fantastique*

 Parlez!

Travaille avec un(e) partenaire. C'est vendredi matin. Tu peux participer à <u>six</u> activités.
Dites une activité à tour de rôle et votre opinion ('ce sera super/nul').

Exemple: A – *Demain matin je vais faire du snowboard.*
B – *Ce sera super! Dimanche après-midi je vais peindre.*
A – *Ce sera nul!…*

Utilise ces mots:
Dimanche matin/après-midi/soir
Cet après-midi   Ce matin   Ce soir
Demain matin/après-midi/soir

J'AVANCE 1

There are several ways to improve your sentences in French.
- You can add time phrases like the ones used in activity 3.
- If two activities follow each other you can also use **d'abord** (firstly), followed by **ensuite** (then).
- Remember to include **et** and **mais** if you can.

D'abord je vais jouer au tennis et <u>ensuite</u> je vais créer des CDs.

 Écrivez!

Invente des phrases.

1 Vendredi matin, je vais…   et l'après-midi je vais…

2 C'est samedi. D'abord, je vais…   Ensuite, je vais…

J'AVANCE 2

You can also improve your sentences by replacing names with pronouns (**pronoms**) like **il/elle/nous/ils/elles**:

Jacques va jouer au tennis et ensuite <u>il</u> va créer des CDs.

 Écrivez!

Regarde le programme. Remplis les blancs et remplace <u>les noms</u> par un pronom.
Utilise il/elle/nous/ils/elles.

1 Ali va faire du canoë kayak, et puis <u>Ali</u> va faire du _____.

2 Laurène et Sarah vont faire de la planche à voile, mais le soir Laurène et Sarah vont jouer à la _____.

3 D'abord, Olivier et Vincent vont faire des tee-shirts. Ensuite, <u>Olivier et Vincent</u> vont faire la _____.

4 Cet après-midi Mathieu et moi allons nager dans le lac, mais demain <u>Mathieu et moi</u> allons jouer au _____.

 ## ON RÉFLÉCHIT!

Jouez au jeu de la Bataille.

Recopie la grille et ajoute trois croix. Ton/ta partenaire doit faire des phrases pour trouver tes croix!

Exemple: A – *Ce matin je vais faire des tee-shirts.*
        B – *Touché!/Manqué!*

> croix = cross

	jouer au ping-pong	faire des tee-shirts	créer un site web	nager dans le lac
ce matin				
cet après-midi				
ce soir				

F Tu veux aller au ciné?

ON COMMENCE

a Regarde ces formes du verbe 'vouloir' (to want) et choisis la bonne forme.

b Écoute pour vérifier.

1 je   **a** veux
         b voulons

2 tu   **a** veulent
         b veux

3 il/elle/on   **a** veut
               b voulez

4 nous   **a** voulons
           b veut

5 vous   **a** veulent
           b voulez

6 ils/elles   **a** veux
              b veulent

ON APPREND

 Écoutez!

Écris 1 à 5. Écris la bonne lettre et je/tu/vous.

Exemple: *1 e – tu*

 Parlez!

Travaille avec un(e) partenaire. Faites des dialogues. Utilisez les images a–e et les mots ci-dessous:

Je veux… ensuite, je veux…	aller au ciné/en ville/au parc d'attractions/à la plage
Tu veux… ou… ?	jouer sur l'ordinateur/regarder la télé/écouter des CDs/faire du vélo/de la planche à voile/venir chez moi

Exemple: *A – Tu veux aller au ciné?*   *A – Je veux écouter des CDs, et toi?*
                 B – Oui, je veux bien./Non merci.   *B – Oui, je veux bien./Merci.*

J'AVANCE 1

The verb **vouloir** (to want) is a modal verb. If followed by another verb, it has to be in the infinitive:

Je veux aller au cinéma! (I want to go to the cinema!)

Here is the full form of the verb:

je veux	I want
tu veux	you want (one friend)
il/elle/on/Paul veut	he/she/one/Paul wants
nous voulons	we want
vous voulez	you want (polite; plural)
ils/elles/Paul et Claire veulent	they/Paul and Claire want

 Parlez!

Jouez au morpion!

Exemple: *1. Tu veux aller à la plage?*

1 tu plage?	2 vous courses?	3 je vélo
4 je la radio	5 tu sur l'internet?	6 vous en ville?
7 tu parc d'attractions?	8 vous télé?	9 je cinéma

 J'AVANCE 2

We came across **pour** in Lesson C of this unit. You can use the word **pour** plus the infinitive to say 'in order to…'.

Example: **Tu veux aller en ville pour manger au restaurant?**

 Écrivez!

Pose des questions. Utilise le vocabulaire dans la case. Écris tes questions dans ton cahier.

Exemple: *1. Tu veux aller en ville pour acheter des magazines?*

au parc   un DVD   chez mon ami(e)
    regarder
un film intéressant   acheter des magazines

 ON RÉFLÉCHIT!

Suggère des activités ennuyeuses. (Attention: mon/ma/mes → ton/ta/tes)

Exemple: *1. A – Tu veux faire mon lit ?*
B – Non, je ne veux pas faire ton lit!

1 lit	**2** mes devoirs	**3** le ménage	**4** la voiture
5 l'aspirateur	**6** dans le jardin	**7** la table	**8** mes chaussures

G Toujours des questions!

ON COMMENCE

Travaille avec un(e) partenaire. Pose des questions sur des stars. Utilise '…n'est-ce pas?'.

Exemple: A – Jennifer Lopez/Brad Pitt/Robbie Williams _est_ fantastique/affreux/affreuse, _n'est-ce pas?_
B – Oui/non.

B – Atomic Kitten/Blue _sont_ fantastiques/affreux/affreuses, _n'est-ce pas?_
A – Oui/non.

ON APPREND

1 Écrivez!

Regarde ces réponses. Quelles sont les questions possibles? Utilise les mots dans la case.

Exemple: _a. Quel âge as-tu?_

a J'ai douze ans.
b Je m'appelle Thierry Henry.
c J'habite à Oxford.
d Mon anniversaire, c'est le treize mai.
e Oui, j'ai un stylo. Voilà.
f Je vais aller en ville ce week-end.
g J'aime faire du skateboard.
h Non, ce n'est pas possible. Je vais faire mes devoirs.

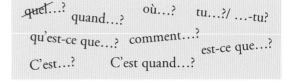

~~quel~~…? quand…? où…? tu…?/ …-tu?
qu'est-ce que…? comment…? est-ce que…?
C'est…? C'est quand…?

2 Écoutez!

Écoute pour vérifier. Tu vas entendre des questions possibles pour l'activité 1, mais dans le mauvais ordre. Écris 1 à 8 et puis une lettre a–h.

J'AVANCE

You have met many different ways of asking a question:
• **Tu aimes**…?/**Aimes-tu**…?/**Est-ce que tu aimes**…?/**Qu'est-ce que tu aimes**…?
• Questions beginning with **comment**, **combien**, **ou**, **quand**, **qui**.

Quel followed by a noun means 'what.' Note how it changes sometimes. Why?
• **Quel est ton numéro de téléphone? Quel âge as-tu**?
• **Quelle est la date? Quelle est ton adresse électronique**?

3 Écoutez et lisez!

(a) Tu peux me téléphoner?

Oui, quel est ton numéro de téléphone?

(c) Est-ce que tu veux aller au parc d'attractions?

Oui, ça coûte combien?

(b) Tu peux m'envoyer un e-mail ce soir?

Oui, quelle est ton adresse électronique?

(d) Je veux aller au cinéma demain.

Qu'est-ce qui passe?

Star Wars III.

(e) Est-ce que tu veux aller à la piscine ce soir?

Oui, à quelle heure?

4 Lisez!

Dans l'activité 3, trouve comment on dit en français:

1 How much is it?
2 Which film is on?
3 What is your telephone number?
4 At what time?
5 What is your e-mail address?

5 Écrivez!

Pour chaque SMS *(text message)*, **écris une question en réponse.**

Exemple: *1. Oui, c'est combien?*

(1) Tu veux aller au musée?

(2) Je veux aller au cinéma ce soir!

(3) Tu veux venir chez moi demain?

(4) Tu peux m'envoyer un e-mail ce soir?

6 Parlez!

Invente un dialogue avec beaucoup de questions! Montre le dialogue à la classe!

Exemple: A – Salut! Tu veux aller au cinéma?
B – Oui, à quelle heure?
A – À huit heures.
B – Quel film passe?

ON RÉFLÉCHIT!

Pose des questions à ton/ta partenaire.
Parlez à tour de rôle.

H Des excuses!

Learning objectives

- You will learn to give excuses
- You will learn some French slang

ON COMMENCE

Travaille avec un(e) partenaire. Contre la montre! Révise l'alphabet. Répète à l'envers!

A B C D E F G H I J K L M N O P Q R S T U V W X Y Z

ON APPREND

J'AVANCE 1

You have learnt **je veux** from the modal verb <u>vouloir</u>.
Je peux (I can) and **tu peux** (you can) are from the verb <u>pouvoir</u> (to be able to).
Je dois (I must/I have to) and **tu dois** (you must) are from the verb <u>devoir</u> (to have to).

Des excuses

a. Tu veux aller au féca? Ce sera looc!

b. Je ne peux pas. Je dois laver la bagnole.

c. Je ne peux pas. Je n'ai pas de fric.

Je ne peux pas. Je dois aller au lit.

Je ne peux pas. Je dois préparer la bouffe.

Je ne peux pas. Je dois bosser.

J'AVANCE 2

In English, we have slang expressions like 'grub' (food) and 'dosh' (money). In French this is called **l'argot**, and there are similar expressions, like **le fric** (dosh). Other examples are marked in green above.

Some young people sometimes say words back to front and this is called **verlan**, for example **looc** (cool). Another example is given in red above. Note that with **féca**, the syllables are reversed: **ca-fé → fé-ca**.

Take care only to use slang expressions when talking to friends.

 **Lisez!**

Trouve le mot d'argot ou le verlan qui veut dire…

Écoutez!

Écris 1 à 5. Pour chaque conversation, écris la suggestion et l'excuse.

	Suggestion	Excuse
1	cinéma	devoirs

Parlez!

Travaille avec un(e) partenaire. Faites des dialogues.

Exemple: A – *Tu veux aller en ville?*
B – *Je ne peux pas. Je dois préparer la bouffe.*

Parlez et écrivez!

Travaille avec un(e) partenaire. Adaptez ces dialogues. Changez les mots *en italique*.
Voici d'autres excuses:

Je dois…   …me laver les cheveux/…rentrer chez moi/…rencontrer un(e) ami(e)

Samuel Sage

A – Tu veux *aller en ville?*
B – Je ne peux pas. Je dois *faire mes devoirs.*

Mégane Méchante

A – Tu peux *faire ton lit?*
B – Je ne peux pas. Je dois *surfer sur l'internet.*

Madame Sévère

A – Tu dois *faire la vaisselle*!
B – Je dois *faire la vaisselle*!

 ON RÉFLÉCHIT!

En groupes ou à deux.
Faites une liste d'excuses à tour de rôle!

Un rendez-vous!

ON COMMENCE

Travaille avec un(e) partenaire. Demandez des opinions.
Travaillez la conversation sans regarder le texte.

A – J'adore (une star). Il/elle est super. Que penses-tu?

Orlando Bloom

B – Je suis d'accord.　　　OR　　　Euh, tu sais, je ne suis pas d'accord.

Il/elle est super.　　　　　　　　　　　Il/elle est nul/nulle.

B – J'adore la musique de (un groupe/une star). C'est génial. Que penses-tu?

A – Je suis d'accord.　　　OR　　　Euh, tu sais, je ne suis pas d'accord.

C'est génial.　　　　　　　　　　　C'est affreux.

Sugababes

D'autres catégories possibles:

les films　　les émissions à la télé
les équipes de foot

ON APPREND

 Écoutez!

Écris 1 à 5. Écoute ces invitations et les réponses. Complète la grille. Écoute encore une fois pour trouver l'excuse/l'opinion.

	Activité	Oui/non?	Excuse/opinion
1	*aller au cinéma*	*oui*	*intéressant*

 Parlez!

Travaille avec un(e) partenaire. La personne A regarde l'agenda a, et la personne B regarde l'agenda b. Faites des rendez-vous. Changez les mots verts. Ensuite, changez de rôle.

Exemple: A – *Tu veux aller au parc d'attractions samedi après-midi? Ce sera super.*
B – *Je ne peux pas. Je dois travailler dans le jardin. Ce sera nul.*
A – *Tu veux regarder un DVD dimanche soir? Ce sera intéressant.*
B – *Je veux bien.*

(A)

	vendredi	samedi	dimanche
matin	faire du vélo ☺		jouer au foot ☺
après-midi		aller au parc d'attractions ☺☺	
soir	aller au ciné ☺☺		regarder un DVD chez un ami ☺

(B)

	vendredi	samedi	dimanche
matin	faire les courses ☹☹		passer l'aspirateur ☹
après-midi		travailler dans le jardin ☹☹	
soir	laver la voiture ☹		

☺ = intéressant   ☺☺ = super   ☹ = ennuyeux   ☹☹ = nul

J'AVANCE

You can make your conversations more interesting and natural by adding certain expressions:

euh, tu sais	well, you know (used in the starter activity)
alors	then, so
c'est comme ça…	it's like this…
mais bien sûr	but of course!

You can also add 'intensifiers':

assez	quite
vraiment	really
tout à fait	totally
très	very
trop	too

Parlez!

Travaille avec un(e) partenaire. Vous êtes des acteurs/actrices!
a) Répétez ces dialogues à deux. Vous pouvez les dire avec émotion?
b) Faites encore des dialogues. Utilisez les expressions dans la boîte 'J'avance'.

1 A – *Tu veux aller au parc d'attractions samedi après-midi alors? Ce sera vraiment super.*
   B – *C'est comme ça: je ne peux pas. Je dois travailler dans le jardin. Ce sera tout à fait nul.*

2 A – *Tu veux regarder un DVD dimanche soir alors? Ce sera assez intéressant.*
   B – *Mais bien sûr! Je veux bien.*

 Écrivez!

a Écris ton propre agenda pour vendredi, samedi et dimanche!
b Écris aussi des paragraphes sur tes projets pour le week-end.

> *Mes projets pour le week-end*
> *Vendredi matin, je vais aller en ville pour faire les courses.*
> *Ce sera vraiment intéressant. Ensuite je vais… parce que je veux…*

ON RÉFLÉCHIT!

Travaille une conversation à l'aide de ton agenda.

Apprends la conversation par cœur!

Lecture et Culture: L'histoire de France

1 Écoutez et lisez!

Quelques dates clés de l'histoire de France

Il y a plus de 2 000 ans...

La France s'appelle la Gaule.
Tout près, Rome est la capitale d'un vaste empire. On parle le latin.
En 58 avant Jésus-Christ, les Romains commandés par Jules César arrivent en Gaule.
Les Gaulois plantent des vignes et construisent des routes et des villes.
Après l'Empire romain, les Barbares arrivent en Gaule.

> il y a = ago
> tout près = nearby
> avant = before
> des vignes = vines
> après = after

 J'AVANCE 1

We have seen that words do not always have their literal meanings. Here, **il y a** does not mean 'there is..' but 'ago':

Il y a plus de 2 000 ans   More than two thousand years ago

Plus récemment...

En 1789, il y a beaucoup d'excès. C'est la Révolution française – les aristocrates sont guillotinés. Louis XVI et Marie-Antoinette, le roi et la reine, sont guillotinés. Après la Révolution, la France devient une République. En 1805, Napoléon fonde le Premier Empire et fait beaucoup de campagnes. En 1815 la bataille de Waterloo a lieu. Napoléon est capturé par les Anglais et envoyé sur l'Île d'Elbe.

| l'excès = excess | guillotinés = guillotined | le roi = king | la reine = queen |
| devenir = to become | fonder = to found | la campagne = campaign | avoir lieu = to take place |

Les guerres du vingtième siècle

En 1914–1918 c'est la première guerre mondiale. 1,3 millions de Français sont tués.
Entre 1939 et 1945 la deuxième guerre mondiale a lieu. C'est une période très difficile pour les Français.
En 1940 la France est occupée par les Allemands, et libérée par les Alliés en 1944.
Entre 1946 et 1962, la France est troublée par la guerre d'Indochine et la guerre d'Algérie.

la guerre = war

J'AVANCE 2

In Unit 1, we learnt how spelling and in particular the use of capital letters can often help with meaning. There is a good example of this in the section on the Second World War:

C'est une période très difficile pour les Français. En 1940 la France est occupée par les Allemands, et libérée par les Alliés en 1944.

If we look at the capital letters in these sentences, they help us to understand. We can tell that **les Français** = the French people and that **les Allemands** = the German people.

Encore plus récemment

Depuis 1962, c'est la paix. En 1999, il y a des feux d'artifice pour commémorer le centenaire de la tour Eiffel. En 2003 Jacques Chirac est le président, et la France est un pays qui a beaucoup de pouvoir – et en Europe et dans le monde.

depuis = since
la paix = peace
les feux d'artifice = fireworks
le pouvoir = power
le monde = world

Jacques Chirac

1 Lisez!

Fais une liste de tous les mots qui ressemblent à l'anglais.

2 Lisez!

Trouve l'équivalent français de ces expressions.

Exemple: *a. Il y a plus de 2 000 ans.*

a More than 2000 years ago
b Nearby
c a vast empire
d they speak latin
e the Romans arrive in Gaul
f guillotined
g the battle
h the First World War
i the Second World War
j the Eiffel tower

UNIT ④

À VOS MARQUES! PRÊTS! MANGEZ!

A **J'adore manger!**

ON COMMENCE

Fais une liste de:

5 pays (pp. 2–3); 5 expressions sur le temps qu'il fait (pp. 8–11); 5 bâtiments (pp. 22–23)

ON APPREND

Voici la nourriture que...

Amélie

🙂 j'aime...	🙁 je n'aime pas
a le fromage	**i** le jambon
b le pain	**j** le poisson
c la viande	**k** l'eau minérale
d les légumes	**l** les œufs
e les gâteaux	**m** les chips
f les frites	**n** les fraises
g les glaces	**o** les pommes de terre
h les pommes	

1 **Écoutez!**

a Écris 1 à 3. Écoute les trois personnes et écris les bonnes lettres a–o.

b Écoute encore une fois. Écris ou

2 Lisez!

Écris l'équivalent anglais de ces huit mots.

le chocolat   la limonade   les sandwichs au fromage   les bananes
le riz   la salade   les bonbons   les carottes

3 Écrivez!

Copie et complète le sondage EN SECRET.

J'adore le/la/les… _____

J'aime le/la/les… _____

Je n'aime pas le/la/les… _____

Je déteste le/la/les… _____

4 Parlez!

Travaille avec un(e) partenaire. Tu peux deviner les préférences de ton partenaire? Suivez le modèle:

A – *Je pense que: tu* _____, *tu* _____, *tu*  _____

et tu _____.

B – *3 corrects! J'adore…*

J'AVANCE

Be careful: you must take care when using the dictionary! Is the word you want to find a noun or a verb?

In English, a word can exist both as a *noun* and as a *verb*.

For example: a fish (**noun**); to fish (**verb**)

fish *noun* (pl inv) poisson *m* poissons *mpl* *vt or vi* pêcher

(*m* denotes a masculine noun; *vt* or *vi* denotes a verb)

5 Lisez!

Cherche dans un dictionnaire:

1 sweet (adjective); e.g. 'bananas are sweet'
2 wine; note the gender

3 to taste (verb)
4 custard; note the gender
5 snack (noun)

6 Écrivez!

Utilise les réponses de l'activité 5 pour compléter les phrases:

je voudrais = I would like

1 Les bananes sont _____s. (sweet)
2 Je n'aime pas _____ _____.(wine)
3 Je voudrais _____ la sauce. (to taste)
4 J'adore _____ _____ _____. (custard)
5 Je voudrais _____ _____-_____. (a snack)

 ON RÉFLÉCHIT!

Tu peux nommer combien de boissons/sortes de nourriture par cœur?

B Le petit déjeuner français

Learning objectives

- You will learn to use more expressions in the negative
- You will learn to say what you have for breakfast

ON COMMENCE

Cherche l'intrus pour 1 à 5 et donne une raison: a, b ou c?

1 cinéma	poisson	poste
2 faire	aller	peux
3 grand	fille	confortable
4 hôpital	gare	séjour
5 dois	écouter	être

a Ce n'est pas un verbe à l'infinitif.

b Ce n'est pas un adjectif.

c Ce n'est pas un bâtiment.

Invente d'autres exemples!

ON APPREND

Le petit déjeuner français

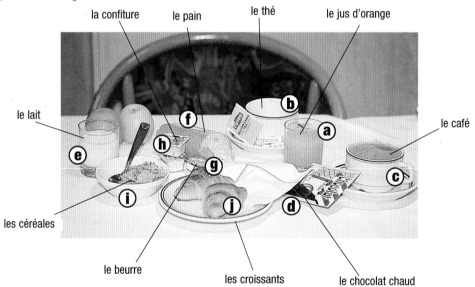

la confiture · le pain · le thé · le jus d'orange · le lait · le café · les céréales · le beurre · les croissants · le chocolat chaud

1 Écoutez!

Écris 1 à 5. Ces personnes parlent de leur petit déjeuner. Écris la bonne lettre a–j et ✓ ou ✗.

Exemple: *1. i ✓ f ✗*

J'AVANCE 1

Let's revise the negative. Note the need for 'de' after the negative:

Je <u>ne</u> mange <u>pas</u> de céréales   I don't eat cereal
Je <u>ne</u> mange <u>rien</u>   I don't eat anything
Je <u>ne</u> bois <u>jamais</u> de café   I never drink coffee

2 Lisez!

Regarde les images et lis les descriptions. Écris la bonne lettre.

Exemple: 1f

Le petit déjeuner

1 Je ne mange jamais de confiture.
2 Je ne bois rien.
3 Je ne mange jamais de pain grillé.
4 Normalement, je ne bois pas de jus d'orange.
5 Je ne bois jamais de jus d'orange.
6 Je ne mange rien.
7 Je ne mange jamais de croissants.
8 Je ne bois jamais de café.

 3 Parlez!

Et toi? Travaille avec un(e) partenaire. Qu'est-ce que tu manges pour le petit déjeuner? Qu'est-ce que tu bois? Faites un dialogue.

Je mange…
Je bois….
Je ne bois jamais de…
Je ne mange jamais de…

J'AVANCE 2

Here's a new verb. It's an irregular one:
boire – to drink

je bois	I drink
tu bois	you drink (one friend)
il/elle/on/Paul boit	he/she/one/Paul drinks
nous buvons	we drink
vous buvez	they drink
ils/elles/Paul et Claire boivent	they/Paul and Claire drink

 4 Parlez!

Fais un sondage parmi 5 personnes dans la classe. Pour le petit déjeuner…

A – Qu'est-ce que tu manges/bois?
B – Je mange/bois…
A – Qu'est-ce que tu ne manges/bois jamais?
B – Je ne mange/bois jamais de…

Nom	mange…	bois…	ne mange jamais…	ne bois jamais…
Emily	céréales	jus d'orange	pain grillé	thé
Matthew	rien	café au lait		

 5 Écrivez!

Écris tes résultats. Utilise 'il/elle' pour parler d'une personne dans le groupe.

Exemple: Emily mange des céréales et _elle_ boit du jus d'orange. _Elle_ ne mange jamais de pain grillé et _elle_ ne boit jamais de lait.

 ON RÉFLÉCHIT!

Complète ces phrases:
Je ne mange jamais de…
Je ne bois jamais de…
Je ne fais jamais…
Je ne joue jamais au…

C'est bon?

ON COMMENCE

Invente 3 exemples de 'Cherche l'intrus'.

Exemple: *café   lait   pain grillé*

ON APPREND

1 **Écoutez et lisez!**

Miam! Miam!

C'est bon!

C'est délicieux!

C'est dégueulasse*!

C'est dégoûtant!

C'est épicé

Ce n'est pas épicé

C'est sucré

C'est bon pour la santé

C'est mauvais pour la santé

dégueulasse = slang for disgusting
argot = slang

Quels sont les autres exemples d'argot* de l'Unité 3, pp. 56–57?

Parlez!

a Travaille avec un(e) partenaire. La personne A mime une opinion et la personne B dit l'opinion.

Exemple: A –   B – *C'est épicé.*

b Choisis une nourriture (a–o) et donne ton opinion à ton/ta partenaire, à tour de rôle.

j'ai faim = I'm hungry
j'ai soif = I'm thirsty

Exemple: A – *'Tu aimes le poisson?'*
        B – *'Je pense que c'est…'*

a le curry madras
b le curry korma
c le hamburger
d les pommes
e le poisson
f la salade
g les pizzas

 le couscous

 le chocolat

 les crêpes

 les escargots

 les beignets

 les glaces à la fraise

 le chou

le pâté

 Écoutez!

Écris 1 à 8. Ces personnes disent ce qu'elles ont mangé et donnent leur opinion.
These people say what they have eaten and give their opinion.
Écris la bonne nourriture, a–o (activité 2). Écoute encore une fois. Écris l'opinion.

J'AVANCE 1

You are beginning to learn more ways of giving opinions. Keep a note of these separately.
You are also learning *synonyms* (words meaning the same thing): **dégoûtant/dégueulasse**,
and *antonyms* (words with opposite meanings): **bon/mauvais**.

 Parlez!

La personne A indique une image a–o et donne une opinion; la personne B donne une réaction.

Exemple: A – *Je pense que   c'est   assez   bon   pour la santé*
                              très   mauvais
                              vraiment   épicé
                              trop   sucré
        B – *?: Tu crois?/Ah bon?*   *✓: Tout à fait!*   *✗: Ah non!/Pas du tout!*

 ON RÉFLÉCHIT!

Travaille avec un(e) partenaire. Par cœur. La personne A mime une opinion; la personne B dit l'opinion et donne
un exemple: 'C'est bon pour la santé: par exemple, une pomme'.

D Une recette

Learning objectives
- You will learn to understand a recipe
- You will learn to recognise different types of text and the language used in them

ON COMMENCE

C'est une phrase tirée de quelle sorte de texte?
What kind of text is the phrase taken from?

a un horoscope **b** la météo **c** une publicité **d** un message **e** un agenda

①
24 *Mardi*
aller chez
le dentiste

② *Visitez Paris*

la capitale la plus romantique d'Europe!

③ *simon a téléphoné – il va arriver à 10h.*

④ *Tu vas gagner à la loterie.*

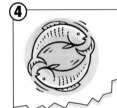

⑤ **Il va faire beau le matin.**

ON APPREND

1 Écoutez et lisez!

Lis la recette. Regarde les mots à l'impératif en bleu.

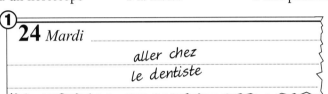

Recette africaine   **Salade de patates douces***

Il vous faut pour 4 personnes:

12 patates douces
1 cuillère de sel
2 cuillères de moutarde
Un peu d'huile
1 cuillère de citron

①

②

patates douces = sweet potatoes

Rincez les patates. Mettez-les à bouillir[1] dans une casserole. **③**
Quand l'eau bout, réduisez le feu.
Faites cuire 15 min.
Quand c'est cuit, videz l'eau[2] et laissez refroidir. **④**
Épluchez les patates et coupez-les en tranches[3]. Mettez-les dans un plat.
Faites une sauce: mélangez[4] le sel, la moutarde, le citron et l'huile. Versez[5] sur les patates. **⑤**
Ajoutez du persil.

Bon appétit!

J'AVANCE

When reading the recipe you will notice that, as in English, it follows a format: ingredients are followed by the instructions, and the imperative (which you came across in Unit 2) is used to tell you what to do.

Which imperative forms can you find in the recipe?

As you can see in the **On commence** activity, set formats are also used for texts such as weather forecasts, horoscopes, letters and so on.

 Écrivez!

Travaille avec un(e) partenaire. Utilise la section Vocabulaire.
La personne A trouve comment on dit en français:

1 add	2 put them	3 peel	4 mix	5 pour	6 allow to cool

La personne B trouve comment on dit en français:

1 reduce the heat	2 drain	3 make	4 boil them	5 cut them into slices	6 rinse

Montre les résultats à ton/ta partenaire.

 Lisez!

Fais correspondre les vocabulaires. Utilise la section Vocabulaire si nécessaire.

1 les patates douces   a oil
2 la cuillère   b lemon
3 le sel   c sweet potatoes
4 la moutarde   d saucepan
5 l'huile   e spoon
6 le citron   f mustard
7 la casserole   g parsley
8 le persil   h salt

 Écrivez!

Fais un résumé de la recette en anglais.

Exemple: *Ingredients – 12 sweet potatoes, 1 spoonful of salt, 2 spoonfuls of mustard, some oil, 1 spoonful of lemon juice…etc.*

 Écrivez!

Étiquette ces images.
Label these pictures.

Exemple: *1. mettez à bouillir*

 ## ON RÉFLÉCHIT!

Fais une liste de verbes à l'impératif et fais une phrase. Utilise la forme avec 'vous' ou 'tu.' Fais aussi une liste des verbes à l'impératif de l'Unité 2.

Exemple: *Regarde le tableau!   Allez tout droit!*

J'écris une recette

Learning objective
- You will learn how to say 'some'
- You will learn to write a recipe according to a set format

ON COMMENCE

Écris différentes sortes de nourriture et de boissons en trois listes: le/la/les.

Exemple:

le	la	les
lait	limonade	céréales

ON APPREND

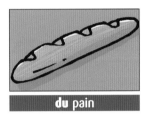   

du pain   **de la** viande   **de l'**eau minérale   **des** chips

J'AVANCE

In French there are four ways of saying 'some', depending on the gender and number of items.

For things that are considered to be one item or one 'lot', we use:

du (for masculine/**le** words)

de la (for feminine/**la** words)

de l' (for words of either gender beginning with a vowel)

Where there is more than one item (i.e. it is plural), we use one word regardless of gender or first letter: **des**

1 Écoutez!

Écoute ces ingrédients. Écris **du/de la/de l'/des** et l'ingrédient.

Exemple: *1. du café*

2 Écrivez!

Remplis les blancs avec du/de la/de l'/des.

1 _____ chocolat
2 _____ riz
3 _____ limonade
4 _____ farine
5 _____ frites

6 _____ eau minérale
7 _____ salade
8 _____ pommes
9 _____ café
10 _____ fromage

3 Lisez!

Voici une recette pour le chou-fleur au gratin. Complète la liste des ingrédients avec du/de la/des.
Utilise la liste de Vocabulaire pour vérifier les genres si nécessaire.

Chou-fleur au gratin

Il vous faut:
1 _____ chou-fleur
2 _____ beurre
3 _____ tomates

Pour la sauce:
4 _____ fromage
5 _____ farine
6 _____ lait

7 _____ beurre
8 _____ sel
9 _____ poivre
10 _____ moutarde

4 Écrivez!

Complète la recette avec les bons verbes à l'impératif.

1  le chou-fleur. Divisez-le en morceaux. 2 dans une casserole 5 minutes.

3 Quand il est cuit, l'eau et mettez-le dans un plat.

Pour la sauce:

Faites une sauce: mettez la farine dans une casserole. 4 du lait. 5 bien. Ajoutez le

reste du lait. Mettez-le à bouillir. 6 Quand c'est cuit, et 7 bien. Ajoutez le beurre, le

fromage, la moutarde, le sel et le poivre.

Prenez les tomates: 8 . 9 la sauce sur le chou-fleur. Mettez les tomates sur

le chou-fleur. 10 10 min.

videz   faites cuire   mélangez   coupez-les en tranches
tournez   réduisez le feu   versez   rinsez   ajoutez   mettez-le à bouillir

5 Écoutez!

Écoute pour vérifier l'activité 4.

6 Écrivez!

Fais une copie de la recette comme poster.

ON RÉFLÉCHIT!

Jouez au morpion! Dis du/de la/de l'/des.
Exemple: du poisson

ON COMMENCE

Écris 1 à 6. Tu entends quelle sorte de texte?

a un horoscope
d un message au téléphone

b la météo
e une recette

c une publicité
f les informations

les informations = the news

Un kilo de pommes et un filet d'oignons.

ON APPREND

(a) un kilo

(b) un litre

(c) 100 grammes

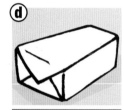

(d) un paquet

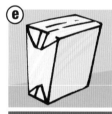

(e) un carton

(f) un tube

(g) un pot

(h) un morceau

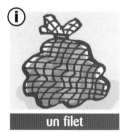

(i) un filet

(j) une boîte

(k) une bouteille

(l) une tranche

(m) une tablette

 Écoutez!

a) Écoute 1 à 13 et choisis la bonne quantité (a–m). b) Écoute encore une fois. Écris la phrase.

Exemple: *1a = h*

1b un morceau de gâteau

2 Lisez! ———————————

Fais correspondre les quantités et les mots. Il y a beaucoup de possibilités.

Exemples: *a. un kilo **de** carottes.*
*b. un litre **de** lait.*

Écris au moins une phrase pour chaque quantité a–m.

de... / d'...

beurre   lait   chips   riz   jus de fruits   pizza   fromage   coca fruits
tarte   vin
oignons   limonade   fromage   chocolat   dentifrice   café   confiture
                              carottes

oignons = onions
dentifrice = toothpaste
confiture = jam

J'AVANCE

Do you remember that there are two types of information you can listen for?

a gist
b detail.

In the starter activity, you listened for gist, ie the general content of the recording.
Listen below for:

a what you have to buy, and
b the precise quantities.

3 Écoutez! ———————————

Écoute ces messages (1 à 10).
a Qu'est-ce que tu dois acheter?
b Tu dois en acheter combien?

4 Parlez! ———————————

Travaille ce dialogue avec un(e) partenaire et change les détails* en bleu.

A – Bonjour monsieur/madame. Vous désirez?
B – Je voudrais trois tranches de jambon et un carton de jus d'orange, s'il vous plaît.
A – Voilà.
B – Avez-vous aussi un pot de confiture et un litre de lait?
A – Je suis désolé(e) monsieur/madame. Je n'ai pas de lait. C'est tout?
B – Oui. C'est combien?
A – C'est 8 euros soixante.

*Invente des prix.
1 euro = approx. 70p

 ## ON RÉFLÉCHIT!

Répète le dialogue et apprends-le par cœur.

G J'ai mangé... j'ai bu

Learning objectives

- You will learn to say what you have eaten and drunk and give an opinion about it
- You will begin to learn to talk about the past

ON COMMENCE

Regarde ces opinions et remplis la grille:

Opinions positives	Opinions négatives	Opinions neutres
super	affreux	pas mal

super   génial   intéressant   délicieux   dégoûtant   comme ci comme ça   formidable   miam! miam!
ennuyeux   ça va   bon   excellent   pas mal   nul   affreux   fantastique   mauvais

ON APPREND

1 Écoutez et lisez!

Voici des réactions à la nourriture française après une visite en France:

① J'ai mangé un escargot. C'était dégoûtant.

② J'ai mangé des croissants pour le petit-déjeuner. C'était délicieux.

③ J'ai mangé un croque-monsieur pour le déjeuner. C'était délicieux.

④ J'ai mangé des crudités, de la salade et des haricots verts. C'était bon pour la santé.

⑤ J'ai mangé beaucoup de crêpes au sucre. C'était délicieux mais mauvais pour la santé.

⑥ J'ai mangé des gâteaux pour le goûter. C'était mauvais pour la santé.

⑦ J'ai mangé du pain avec le dîner. C'était bon.

⑧ Après le dîner, j'ai mangé le fromage d'abord et puis le dessert. C'était bon!

⑨ J'ai bu un bol de chocolat chaud le matin. C'était bon.

⑩ J'ai bu de la limonade. C'était sucré.

 J'AVANCE

In Book 1, you came across examples of the perfect tense. **J'ai mangé** and **j'ai bu** are also examples of the perfect tense. In English, we can say:

j'ai mangé	I have eaten	OR	I ate
j'ai bu	I have drunk	OR	I drank

In French, there is just one form for both.
You will learn more about how to form the perfect tense in the next lesson.

You have also seen the form **c'était** (it was) before. This is an important expression which is useful to know and to use.

2 Écoutez!

Écris 1 à 6. Ces personnes parlent de ce qu'elles ont mangé/bu et donnent leur opinion. Recopie et complète la grille.

Mangé/bu	Opinion

3 Parlez!

Jouez! Choisis un jeton, par exemple une gomme, un taille-crayon. Jette le dé. Avance et dis la phrase en français.

Exemple: *J'ai mangé des frites. C'était mauvais pour la santé.*

Départ	1	2	3
7	6	5 Avance trois cases	4
8	9 Recule trois cases	10	11 Avance une case
Arrivée	14	13	12

4 Écrivez!

Qu'est-ce que tu as mangé et bu? Donne une opinion. Utilise des exemples du jeu (activité 3).

Exemple: *J'ai mangé un croissant. C'était délicieux.*
J'ai bu un café. C'était bon.

ON RÉFLÉCHIT!

Qu'est-ce que tu as mangé/bu hier et aujourd'hui?
C'était comment?

H Qu'est-ce que tu as fait?

Learning objectives

- You will learn to talk about what you did in the past
- You will learn to form the perfect tense with regular –er verbs

ON COMMENCE

Tu peux réciter le verbe 'avoir' au présent ?

j'_ _   il _   nous _ _ _ _ _   ils _ _ _

tu _ _   elle _   vous _ _ _ _   elles _ _ _

ON APPREND

J'AVANCE 1

You have learnt how to say 'I ate/I have eaten' – the perfect tense. You can also extend this to other verbs.

For regular verbs in English, we usually add '–ed' to the verb when talking about the past:

I play   →   I play<u>ed</u>   or   I have play<u>ed</u>

In French, for regular verbs which end their infinitive in **–er**, this is how you form the perfect tense in the **je** form (the first person):

- Take the infinitive (**l'infinitif**): **jouer**
- Take off the <u>**er**</u>: **jou–**
- Add <u>**é**</u>: **joué**. **joué** is called the past participle (**participe passé**).
- Now take the correct part of **avoir** for 'I have': **j'ai**
- Put the two together: **J'ai**   **joué**
                             (**avoir**)   (**participe passé**)
                                ↓   ↓
                             I have   played

As we noted before, there is only one form in French: **j'ai joué**. In English, we can translate it as 'I played' or 'I have played'.

Some past participles do not follow this pattern, like **bu** for **boire** and **fait** for **faire**.

 Écrivez!

Choisis le bon verbe pour chaque question. Change le verbe: écris-le au passé.

1 J'ai le professeur.

4 J'ai 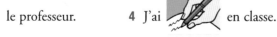 en classe.

2 J'ai 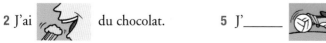 du chocolat.

5 J'_____ au foot.

3 J'ai 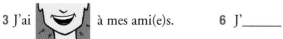 à mes ami(e)s.

6 J'_____ la voiture.

| manger | travailler | jouer |
| laver | écouter | parler |

2 Parlez!

Et toi? Qu'est-ce que tu as fait hier?   *J'ai…*

J'AVANCE 2

You have learnt that to form the perfect tense of regular **–er** verbs if talking about **je** (I), you need the present tense of **avoir** + the past participle (ending in **–é**):

J'ai   **joué**   I   played

Now fill in the gaps for the other parts of the verb.

1 Tu _____ joué	you played (1 friend)	**6** Nous _____ joué	we played
2 Il _____ joué	he played	**7** Vous _____ joué	you played (polite/plural)
3 Elle _____ joué	she played	**8** Ils _____ joué	they played (masculine)
4 Léo _____ joué	Léo played	**9** Elles _____ joué	they played (feminine)
5 On _____ joué	one played		

a   avons   as   ont   a   avez   a   ont   a

Write a rule for forming the past participle of regular **–er** verbs in your own words.
Vote on the best one.

3 Écoutez et chantez!

J'ai écouté
Tu as joué
Il a mangé
Elle a parlé

Nous avons bu
Vous avez dansé
Ils ont regardé la télé

a) Il y a combien de participes passés dans la chanson?

b) Cherche l'intrus.

4 Écrivez!

Remplis les blancs et remplace l'image par un participe passé.

Exemple: *1. J'ai écouté le professeur.*

1 J' _____ le professeur.

2 Tu _____ au foot?

3 Il _____ à la cantine.

4 Nous _____ en classe.

5 Vous _____ à la disco?

6 Ils _____ la télé.

ON RÉFLÉCHIT!

Jouez au morpion! Dis le verbe **jouer** au passé!

Exemple: *5. tu as joué*

1 je	**2** il	**3** nous
4 ils	**5** tu	**6** elles
7 elle	**8** vous	**9** on

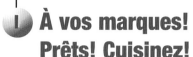

À vos marques!
Prêts! Cuisinez!

ON COMMENCE

Écoute les prix 1 à 8 et écris la bonne lettre a–h.

a 22 €	b 75,40 €	c 62,50 €	d 95,60 €
e 35,70 €	f 41,80 €	g 135,30 €	h 18 €

ON APPREND

1 **Lisez!**

Bienvenue à 'À vos marques! Prêts! Cuisinez!'. Dépense maximum: 20 €!
Welcome to 'Get Ready to Cook!'. Maximum spend: 20 €!

Voici ce que les concurrent(e)s vont faire. Fais correspondre la description et l'image.

a J'ai acheté du rhum et je vais faire un baba au rhum.

b J'ai acheté des légumes et je vais faire une pizza.

c J'ai acheté du riz et je vais faire un risotto.

d J'ai acheté du vin et je vais faire un coq au vin.

e J'ai acheté des œufs et je vais faire une omelette espagnole.

f J'ai acheté du fromage et je vais faire des lasagnes.

J'AVANCE

Sentences can be made more complex by using different tenses, such as the past (perfect) and the immediate future:

<u>J'ai acheté</u> des légumes et <u>je vais faire</u> une pizza.
I've bought some vegetables and I'm going to make a pizza.

You can also add in some time indicators:

J'ai acheté des légumes <u>ce matin</u> et <u>maintenant</u> je vais faire une pizza.
I bought some vegetables this morning and now I'm going to make a pizza.

2 Parlez!

Ces six personnes se présentent. Travaille avec un(e) partenaire. Faites des phrases, à tour de rôle.

Exemple: A – J'ai acheté de la farine, des œufs et du rhum hier, et maintenant je vais faire un baba au rhum.

3 Écoutez!

Regarde les prix de l'activité 2. Écoute 1 à 6 et écris qui a payé.

Exemple: 1. 12€ → personne b

Vocabulaire utile
du vin rouge = red wine
du poivron rouge = red pepper
de la viande hachée = mince
des pâtes = pasta
des petits pois = peas

4 Lisez!

Les chefs de cuisine crient aux concurrent(e)s! Fais correspondre l'image et la bulle.

a Donnez-moi une fourchette!

b Réchauffez l'eau!

c Où est la tartelette?

d Débouchez le vin!

e Coupez les carottes!

ON RÉFLÉCHIT!

Travaille avec un(e) partenaire.
La personne A donne une liste des ingrédients.
La personne B devine ce que la personne A va faire.

A – J'ai acheté…
B – Tu vas faire…

J Lecture et Culture: À vos marques! Prêts! Mangez!

Learning objective

- You will read about foods linked to different cultures

1 Lisez!

Lis le texte sur la cuisine française.

MANGER À LA FRANÇAISE

La France est réputée pour la qualité de sa cuisine. Les Français accordent beaucoup d'importance à la cuisine et aiment prendre le temps de savourer un repas.

Un petit déjeuner typiquement français est composé d'un bol de café au lait (café avec du lait chaud) ou de chocolat chaud, accompagné de céréales ou d'une tartine de confiture. Le dimanche, on mange aussi un croissant ou une brioche. Pour le déjeuner, si on n'a pas beaucoup de temps, on mange une salade composée ou un croque-monsieur (pain grillé au jambon et au fromage). Par contre, à l'école, les cantines servent souvent un vrai déjeuner. Le déjeuner était le repas principal de la journée, mais aujourd'hui beaucoup de familles françaises prennent leur repas principal le soir.

Les Français mangent un peu plus tard que nous le soir, vers 20h00. Tu ne veux pas avoir faim? Tu peux prendre le goûter l'après-midi vers 17h00 – un thé et une tartine, ou un fruit. Pour le dîner, on peut prendre une entrée de crudités (légumes crus) ou de charcuterie (viandes froides), un plat principal, de la salade et enfin du fromage et un dessert. On mange du pain avec le repas, généralement une baguette (pain long et mince) ou une ficelle (petite baguette).

La France occupe le premier rang mondial en matière de consommation et de production de vin. Le Français typique boit 90 litres de vin par an.

C'est la France qui fabrique le plus grand nombre de fromages au monde, notamment le roquefort, le brie et le camembert, sans oublier les fromages de chèvre. On dit que la France fabrique les meilleures moutardes. Cette industrie est concentrée sur Dijon.

Les Français aiment aller au restaurant et disposent d'un grand choix de bons établissements. Les Français aiment aussi fréquenter les cafés ou bistros pour boire un café, rencontrer des amis ou lire le journal. Les brasseries sont de grands cafés-restaurants où l'on peut boire et manger à midi et le soir. Les salons de thé servent des boissons chaudes, des repas légers et des pâtisseries (gâteaux).

la cuisine = food; cooking	un an = year	le produit = product
le repas = meal	le dîner = dinner, evening meal	

Réponds aux questions 1 à 4 en anglais, et 5 à 10 en français.

1 For what does France have a reputation?
2 Name two things that might be drunk and one thing that might be eaten for a typical French breakfast.
3 What is a 'croque-monsieur'? When might it be eaten?
4 When do French people have their main meal nowadays?

5 Les Français mangent à quelle heure le soir?
6 Qu'est-ce qu'on mange pour le dîner?
7 Le Français typique boit combien de litres de vin par an?
8 Donne le nom de deux fromages français.
9 La fabrication de moutarde est concentrée sur quelle ville?
10 Nomme trois choses que tu peux faire dans un café.

 Lisez! ──────────────────────────────────

Lis le texte.

La génération Smoothie

1. Les jeunes adultes veulent 'manger bien et bon'. Leur apparence et leur santé sont très importantes, alors ils veulent manger équilibré et varié, souvent rapidement. Tout doit être d'une bonne qualité et le naturel des produits est fondamental – d'où leur intérêt pour les produits biologiques.

2. Synonymes de vitalité et riches en vitamines, les fruits sont

très populaires auprès des jeunes adultes. Pour combattre le stress et la pollution, ils consomment des fruits, entiers, pressés ou sous forme de smoothies, comme aux États-Unis. Les smoothies sont des cocktails de jus de fruits, fruits frais, légumes, épices ou plantes. Cette tendance se traduit par l'émergence d'un nouveau concept de bar, les 'Juice Bars'.

Réponds aux questions sur 'La génération Smoothie'.

1 Trouve comment on dit en français:

Paragraphe 1:

a balanced and varied
b quickly
c of good quality

Paragraphe 2:

d fruit is very popular

2 What does fruit help young people fight against?
3 Where do smoothies come from?
4 What is a smoothie, according to the text?

UNIT 5

VIVE LA MODE!
A Les fringues

ON COMMENCE

Travaille avec un(e) partenaire. Regardez les images. Quel temps fait-il?

ON APPREND

1 Écoutez!

Écris 1 à 4. Qui parle? Écris la bonne lettre.

Exemple: *1 b*

(a)

(b)

(c)

(d)

un jean	une robe	des chaussures
un tee-shirt	une jupe	des baskets
un anorak	une casquette	des chaussettes
un pull	une chemise	
un pantalon		

2 Parlez!

Travaille avec un(e) partenaire.

a Imaginez que vous êtes les personnes dans les images. À tour de rôle, posez la question 'Qu'est-ce que tu portes?'.
 'Je porte…'.

b Et toi, qu'est-ce que tu portes?

3 Lisez!

Trouve les phrases bizarres.

1 Quand il fait froid je porte un tee-shirt et un jean.
2 Quand il fait chaud je porte un anorak, un pull et un pantalon.
3 S'il neige je porte une robe, mais s'il pleut je porte une jupe.
4 Je porte un short et un tee shirt parce qu'il fait beau.
5 Je porte un pantalon et un anorak quand il fait mauvais.
6 S'il y a du soleil je porte des baskets, mais s'il y a du vent je porte des chaussures.

J'AVANCE

You have already met lots of connective words that help you build up your French sentences. How many can you spot in activity 3? Can you remember what they mean?

4 Parlez!

Travaille avec un(e) partenaire. Regardez les images. Faites des phrases à tour de rôle.

Exemple: *Quand il pleut je porte un anorak et un pantalon.*

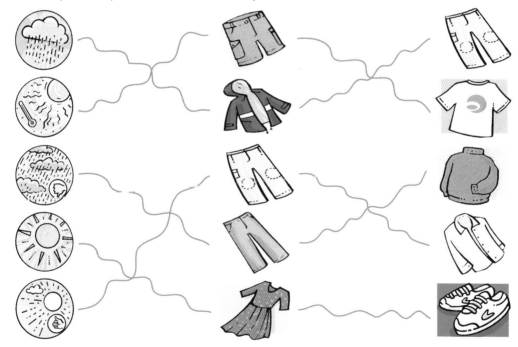

ON RÉFLÉCHIT!

Écris des réponses aux questions en phrases complètes.

Exemple: *S'il fait froid je porte un pantalon, un pull et des chaussures.*

1 Qu'est-ce que tu portes s'il fait froid?
2 Qu'est-ce que tu portes s'il fait chaud?
3 Qu'est-ce que tu portes quand il y a du vent?
4 Qu'est-ce que tu portes s'il neige?
5 Qu'est-ce que tu portes quand il pleut?
6 Qu'est-ce que tu portes quand il fait beau?

B Les détails

Learning objective

- You will learn how to describe in more detail the clothes you wear for different activities

ON COMMENCE

Contre la montre! Apprends à écrire ces mots en trois minutes!

un sweat

un maillot de bain

un manteau

une casquette

un chapeau

une cravate

ON APPREND

1 Écoutez et lisez!

Bienvenue! Aujourd'hui on parle des vêtements que vous portez au collège.

Bonjour. Qu'est-ce que vous portez au collège?

Je porte un pantalon à carreaux et un pull à col roulé.

Je porte un tee-shirt à manches longues et un pantalon à rayures.

Moi, je porte une chemise à pois et un jean.

Je porte un tee-shirt à motif et un jean.

Moi, je porte un pantalon, une chemise, une cravate et une veste.

Je porte un sweat à capuche et un jean.

Et toi, qu'est-ce que tu portes au collège?

L'uniforme scolaire! Tu dois être britannique, alors!

2 Lisez!

Traduis les phrases rouges de l'activité 1 en anglais. Regarde les images pour t'aider.

3 Écoutez!

Écris 1 à 6. Choisis le bon vêtement.   Exemple: 1 d

ⓐ    **ⓑ**   **ⓒ**    **ⓓ**   **ⓔ**    **ⓕ**

Écoute encore une fois. On parle de quelle activité?

Parlez!

Travaille avec un(e) partenaire. Décrivez les vêtements de l'activité 3 à tour de rôle.

Exemple: *a. Je porte un tee-shirt à manches longues.*

 Lisez!

Lis les phrases. Vêtements bizarres ou raisonnables?

Exemple: *1 = bizarre*

1 Pour jouer au tennis, je porte une robe à pois et un manteau à carreaux.
2 Pour nager, je porte un pantalon à rayures et un pull à col roulé.
3 Quand je joue au foot, je porte un short et un tee-shirt à motif.
4 Quand je vais au cinéma, je porte un maillot de bain à rayures.
5 Pour aller en ville, je porte un jean et un sweat à capuche.
6 Quand je vais à la plage, je porte une jupe à carreaux et un tee-shirt à manches longues.

Parlez!

Joue le jeu avec deux ou trois autres personnes.
Qu'est-ce que vous portez? Ajoutez beaucoup de détails!

Exemple: *1. Quand je vais au cinéma, je porte un jean, un tee-shirt à motif et un manteau à carreaux.*

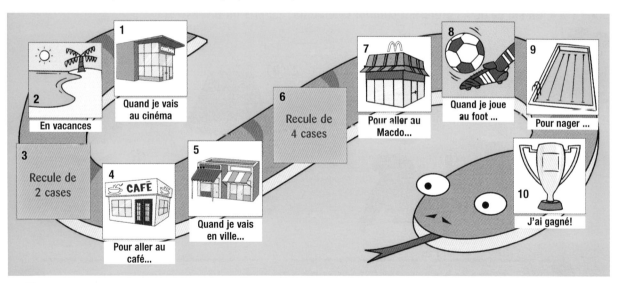

 ON RÉFLÉCHIT!

Recopie ces phrases et ajoute des détails.

Exemple: *En ville je porte un pantalon à rayures et un pull à carreaux.*

1 En ville, je porte un pantalon et un pull.
2 Pour jouer au basket, je porte un short et un tee-shirt.
3 Quand je vais chez des amis, je porte une robe et un chapeau.
4 Pour aller au café, je porte une jupe et une chemise.

C Les couleurs

Learning objectives

- You will learn how to say 'this' and 'these' when talking about different items of clothing
- You will revise how to make nouns and adjectives plural

ON COMMENCE

Contre la montre! Apprends ou révise ces couleurs en trois minutes!
Quelles sont les nouvelles couleurs?

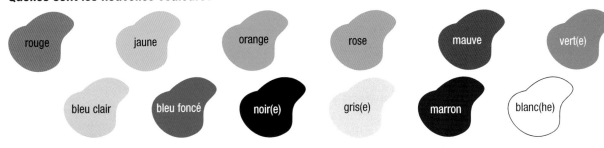

rouge jaune orange rose mauve vert(e)

bleu clair bleu foncé noir(e) gris(e) marron blanc(he)

ON APPREND

1 Écoutez!

Écris 1 à 4. Qu'est ce qu'ils préfèrent comme vêtements? Écris a ou b.

Exemple: *1 b*

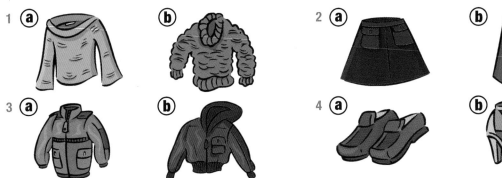

1 **a** **b** 2 **a** **b**

3 **a** **b** 4 **a** **b**

J'AVANCE 1

In French, there are 3 ways to say 'this':

Ce pull

Cette jupe

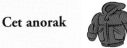

Cet anorak

Can you think of the rule to explain why there are so many different ways?

There is only one way to say 'these':

Ces baskets

Ces chaussures

2 Lisez et écoutez!

Remplis les blancs dans ce poème.

ce

ces

cette

cet

Moi j'adore les vêtements
J'aime bien _____ baskets blanches
J'aime _____ anorak bleu
Mais _____ pull, il est affreux
Je porte toujours _____ chaussettes
Et _____ robe violette
Mais mon vêtement préféré
C'est _____ jean vert foncé!

Écoute et vérifie!

J'AVANCE 2

When making nouns plural, you normally add an **s**:

 un pull → **deux pulls**

However, as you learnt in Unit 1, if the noun ends in **–eau**, add an **x**:

 un manteau → **deux manteaux**

When making adjectives agree with a plural noun, you usually add an **s** to the singular version, but, as you learnt in Unit 1, there are exceptions to this rule.
If an adjective ends in **–eau** and you want to make it agree with a masculine plural noun, you simply add an **x**:

 un beau tee-shirt → **deux beaux tee-shirts**

 un nouveau pull → **deux nouveaux pulls**

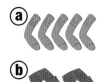 Deux chameaux portent de beaux chapeaux à poireaux.

 Que portent les taureaux?

3 Écrivez!

Mélanie Mode adore les vêtements. Décris ce qu'elle a acheté aujourd'hui!

Elle a acheté cinq chaussettes bleues, …

a
b
c
d
e

? ON RÉFLÉCHIT!

Travaille avec un(e) partenaire. La personne A lit la phrase. La personne B dit si le vêtement est masculin, féminin ou pluriel. Un point pour chaque réponse correcte!

- Je porte un jean vert.
- Je préfère cette jupe rouge.
- Je porte des baskets jaunes.
- J'adore ces chemises roses.

D La mode

ON COMMENCE

Je ne suis pas d'accord

Travaille avec un(e) partenaire. Discutez:

Je suis d'accord

À mon avis		est	bien habillé(e)
	Jennifer Lopez		mal habillé(e)
	Beyoncé Knowles		beau/belle
	Justin Timberlake		
	Brad Pitt		

 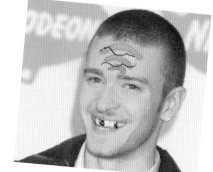

ON APPREND

 1 Écoutez et lisez!

Écoute et lis les opinions.

1 Je pense que c'est très élégant.
2 Il est bien habillé.
3 C'est chic et branché.
4 À mon avis c'est moche.
5 Je pense que c'est cool.
6 C'est très joli.
7 À mon avis c'est démodé.
8 C'est rigolo!

2 Lisez!

Trouve comment exprimer chaque opinion de l'activité 1 en anglais.

Exemple: *1 d*

a In my opinion it's rubbish.
b It's very pretty.
c In my opinion it's old fashioned.
d I think that it's very elegant.
e He's well dressed.
f It's stylish and trendy.
g I think it's cool.
h It's fun!

 3 Parlez!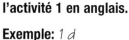

Travaille avec un(e) partenaire. Que pensez-vous de ces vêtements? Êtes-vous d'accord avec l'opinion?

Écoutez et lisez!

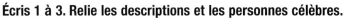

Écris 1 à 3. Relie les descriptions et les personnes célèbres.

ate Moss   Brad Pitt

La mode des stars

1 Il porte un jean noir et une chemise blanche en coton. À mon avis, c'est très branché. Il porte aussi des lunettes de soleil. Je pense que c'est cool mais ce n'est pas très élégant!

2 Elle porte une veste noire avec une chemise blanche. C'est assez élégant. Elle porte une mini-jupe noire. Je pense que c'est très rigolo. Mais elle porte des grandes chaussures noires! C'est moche!

3 Elle porte une chemise noire en cuir avec une écharpe verte en laine. Je pense que c'est joli. Elle porte un jean chic. J'adore aussi le sac rouge! Elle est bien habillée, mais le look est démodé.

Halle Berry

Tu es d'accord avec l'opinion?

> en coton = (made of) cotton   en laine = woollen
> en cuir = (made of) leather

 J'AVANCE

As you know, when you are speaking French you need to think about lots of things!

Pronunciation	**C'est bien dit?**
Accuracy	**C'est correct? Il y a des erreurs?**
Fluency	**On n'hésite pas? Il y a de longues pauses?**

 Parlez!

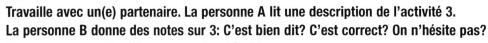

**Travaille avec un(e) partenaire. La personne A lit une description de l'activité 3.
La personne B donne des notes sur 3: C'est bien dit? C'est correct? On n'hésite pas?**

1 = ça va   2 = bien   3 = très bien

 Écrivez!

Regarde ces photos. Écris une description d'une des personnes célèbres et donne ton opinion.

 ON RÉFLÉCHIT!

Travaillez à trois. Une personne lit sa description d'une personne célèbre. Les deux autres personnes donnent des notes sur 3: C'est bien dit? C'est correct? On n'hésite pas?

1 = ça va   2 = bien   3 = très bien

E Les francophones célèbres

Learning objectives

- You will practise describing people's physical appearance
- You will meet some famous French-speaking people

ON COMMENCE

Travaille avec un(e) partenaire. Regardez les images. Qui est-ce?
Un point pour chaque réponse juste!

Je pense que c'est…

Jeanne d'Arc

Jean Reno

Sophie Marceau

Napoléon   Jacques Chirac

ON APPREND

 Parlez!

Travaille avec un(e) partenaire. La personne A lit la description. La personne B choisit la bonne personne.

Exemple: 1 c

1 Elle est petite. Elle a les cheveux noirs et courts. Elle a les yeux verts.
2 Elle est grande. Elle a les cheveux longs et blonds. Elle a les yeux marron.
3 Il est petit. Il a les cheveux bruns et mi-longs. Il a les yeux bleus.
4 Il est de taille moyenne. Il a les cheveux noirs et courts. Il a les yeux marron.

| Napoléon | Charlemagne | Jeanne d'Arc | Marie-Antoinette |

2 Lisez et écoutez!

La mode de la coiffure!
En ce moment, il y a beaucoup de styles différents pour les cheveux: c'est à vous de choisir!

Cheveux… ondulés, bouclés, frisés, raides, en nattes, en brosse.

Cheveux

 ondulés

 bouclés

 frisés

raides

 en nattes

 en brosse

 3 Parlez!

Travaille avec un(e) partenaire. Regardez les coiffures de l'activité 2. Que dites-vous? Contre la montre!

Exemple: *J'ai les cheveux ondulés.*

 4 Lisez et écrivez!

Lis les descriptions. Qu'est-ce qui n'est pas mentionné? Complète les descriptions.

El Hadji Diouf joue pour le Sénégal. Il est assez grand et il a les yeux marron. Il porte un short blanc et vert et des chaussettes blanches.

Thierry Henry joue pour la France. Il a les cheveux courts et noirs. Il a les yeux marron. Il porte un maillot bleu et des chaussettes rouges.

(un maillot = a football shirt)

El Hadji Diouf

Thierry Henry

 ON RÉFLÉCHIT!

Jeu de mémoire!

Travaille avec un(e) partenaire. Regarde l'une des photos pendant 30 secondes.

Cache la photo et décris la personne à ton/ta partenaire.

Céline Dion

Audrey Tautou

F Le look

Learning objectives
• You will practise adding expression to what you say
• You will talk about what look you like

ON COMMENCE

Regarde ces trois looks. Quel look préfères-tu? Pourquoi?

Je préfère le look classique parce que j'aime les vêtements classiques!

le look sportif

le look classique

le look skater

Je préfère	le look classique le look sportif le look skater	parce que j'aime les vêtements	élégants sportifs confortables pratiques

ON APPREND

 Écoutez et lisez!

Écoute et remplis les blancs.

vraiment   n'est-ce pas

ultra

J'aime cette robe. C'est _____ -cool! Qu'en penses-tu?

Oui, elle est jolie, mais cette jupe est _____ élégante, _____?   assez

très

Oui, mais elle est _____ démodée. Moi je préfère cette mini-jupe.

Oui! C'est _____ branché!   bien

J'AVANCE

Très, **assez**, **vraiment** and **super** are words which emphasise what you think of something. Match the French words to their meaning in English. Try to use the conversation in activity 1 to help you work out the meaning.

très/super   quite

assez   really

vraiment   very

You have already met **n'est-ce pas** to form questions. It can also be used at the end of a statement to find out if the person you are speaking to agrees with you. Can you think how you say this in English?

Using words and phrases like these make you sound really French!

2 Écoutez!

Écris 1 à 4. Écoute ces quatre jeunes. Quels vêtements préfèrent-ils? Pourquoi?

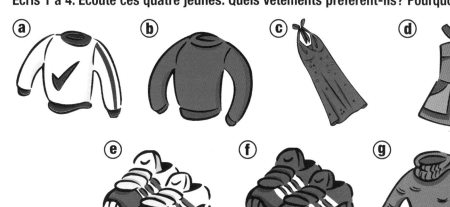

3 Parlez!

Travaille avec un(e) partenaire. Regardez les vêtements de l'activité 2.
Pour chaque paire de vêtements, choisissez le vêtement que vous préférez. Donnez votre opinion, en utilisant les expressions: super, vraiment, très et assez.

Exemple: *Je préfère ce sweat parce qu'il est vraiment rigolo et super-confortable.*

Qu'en penses-tu?   N'est-ce pas?   Je suis d'accord   Je ne suis pas d'accord

4 Lisez!

Le Quiz! Quel look as-tu?

Choisis les trois phrases qui te correspondent le mieux.
Choose the four sentences which best describe your look.

un jogging = tracksuit bottoms
les marques = labels

1 a Les baskets, c'est pour le sport.
  b Tu as beaucoup de baskets!
  c Tes baskets sont vraiment grandes.

2 a Le week-end, tu portes une jolie robe ou un pantalon avec une chemise très élegante.
  b Le week-end, tu mets un jogging et un sweat.
  c Le week-end, tu aimes porter un jean confortable et un sweat à capuche.

3 a Les marques sont assez importantes pour toi, mais la qualité est super-importante.
  b Tu adores les vêtements de marque, c'est-à-dire Nike, Adidas ou Puma.
  c Tes marques préférées sont Vans et DC.

Totalise tes a, b et c

Max de a: Ton look, c'est le look classique!
Max de b: Ton look, c'est le look sportif!
Max de c: Ton look, c'est le look skate!

 ON RÉFLÉCHIT!

Travaille avec un(e) partenaire. La personne A lit la phrase. La personne B décide de quel look on parle.

– Ce pull est vraiment élégant.
– Ces baskets sont super-branchées!
– Ce jogging est très pratique, n'est-ce pas?
– Cette cravate est super-cool!

G Les publicités

- You will learn how to compare things
- You will invent your own adverts

ON COMMENCE

Relie l'image et l'adjectif qui la décrit.

Exemple: $c = 6$

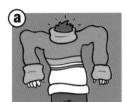 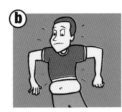  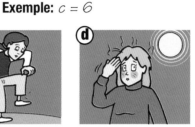

1 chaud
2 grand
3 petit
4 délicieux
5 rapide
6 court
7 élégante

 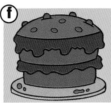 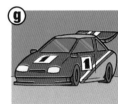

ON APPREND

 Lisez!

Lis ces comparaisons. Vrai ou faux?

cher = expensive

1 Le pantalon vert est plus long que le pantalon jaune.

2 La jupe rose est plus courte que la jupe bleue.

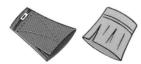

3 Le manteau noir est moins cher que le manteau marron.

4 La cravate orange est moins longue que la cravate violette.

5 Le tee-shirt rouge est moins chaud que le pull gris.

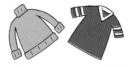

6 Le jogging vert est plus élégant que la robe blanche.

J'AVANCE

Plus and **moins** are used with adjectives to compare things:
La robe rouge est plus élégante.

La robe noire est moins chère.

You can compare two things in the same sentence if you use **que**:

La robe rouge est plus élégante que la robe noire.

La robe noire est moins chère que la robe rouge.

 quatre-vingt-quatorze

2 Parlez!

Travaille avec un(e) partenaire. Comparez les objets de l'activité 1. La personne A utilise le mot plus et la personne B utilise le mot moins.

Exemple: A – *Le pantalon vert est* **plus long** *que le pantalon jaune.*
B – *Le pantalon jaune est* **moins long** *que le pantalon vert.*

3 Écoutez et lisez!

Écris 1 à 6. Relie la publicité et le produit.

Exemple: *1 b*

 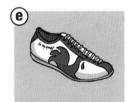

1 Mangez les chips Croky! Plus délicieuses! Miam miam!
2 Achetez Omo! La lessive qui lave vos vêtements plus blancs!
3 Portez les vêtements Pimkie. Plus branchés, plus populaires, moins chers!
4 Choisissez le vélo Peugeot: plus rapide, plus confortable, moins compliqué!
5 Les baskets Coq Sportif. Plus confortables, plus pratiques, plus chic!
6 Lisez le journal 'Le Monde'. Plus intéressant, plus intelligent!

What claims do the adverts make about the products?

Exemple: *1 – more delicious*

4 Écrivez!

Travaille avec un(e) partenaire. Voici cinq produits. Écrivez les publicités!

 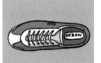

ON RÉFLÉCHIT!

Faites vos publicités devant la classe!
a C'est quel produit?
b Qu'est-ce que le produit fait?
c Qui fait la meilleure publicité?

H On parle du passé

Learning objective

- You will learn how to form the past tense of verbs ending in **–ir**

ON COMMENCE

Écoute et remplis les blancs.

> Pour faire du sport,
> J'ai choisi un _____,
> Et un _____ trop court.
> Et chez Dédé
> J'ai porté de
> Très grandes _____ vert foncé!
> Pour la visite
> De Marguerite
> Elle a choisi une _____ très petite.
> Et à Paris
> Il a choisi
> De porter un _____ gris!

ON APPREND

1 Lisez et chantez!

Trouve comment on dit a–d en français. Puis chante le rap et apprends-le par cœur.

a I wore   **c** He chose
b I chose   **d** She chose

J'AVANCE

You have already learnt how to form the perfect tense of regular verbs which end in **–er**.
The song above features the verb **choisir**, which is an **–ir** verb, in the perfect tense. To form the perfect tense of a verb which ends in **–ir**, follow these steps:

- Take the infinitive, **choisir**.
- Take off the **–ir**   →   **chois**
- Add **–i**   →   **chois<u>i</u>**
- Then, add the correct part of the verb **avoir**   →   **J'<u>ai</u> chois<u>i</u>**

Complete the verb **choisir** in the perfect tense:

Tu _____ **choisi**   **Elle a chois__**   **Nous avons chois__**   **Ils** _____ **choisi**

Il _____ **choisi**   **On** _____ **choisi**   **Vous** _____ **choisi**   **Elles ont chois__**

Écoutez et lisez!

La visite d'Henri au zoo.

J'ai choisi d'aller au zoo.   Soudain, un lion a rugi.   J'ai bondi de surprise!   Puis, un éléphant a barri!

J'ai vomi et j'ai sali mon tee-shirt!   J'ai rougi.   J'ai fui le zoo!

rugir = to roar	salir = to dirty
bondir = to jump	rougir = to blush
barrir = to trumpet	fuir = to run off from

 Parlez!

Travaille avec un(e) partenaire.
Lisez 'La visite d'Henri au zoo' à haute voix.
Apprenez l'histoire par cœur!

 Écrivez!

Écris l'histoire d'Henri à la troisième personne.

Exemple: *Henri a choisi d'aller au zoo …*

 ON RÉFLÉCHIT!

Travaille avec un(e) partenaire. Jouez au morpion avec le verbe **finir** au passé composé.

je	tu	il
elle	on	nous
vous	ils	elles

Je me prépare

- You will learn the present tense of regular reflexive verbs which end in **–er**
- You will learn to talk about your daily routine

ON COMMENCE

Écris 1 à 6. Quelle heure est-il? Écris la bonne lettre.

Exemple: *1 d*

ON APPREND

 Lisez et écoutez!

La matinée de Floriane

> se disputer = to argue
> se dépêcher = to hurry up

① Je me réveille tard,

② et je me lève immédiatement.

③ Je me lave dans la salle de bains,

④ et je me brosse les dents.

⑤ Je m'habille,

⑥ et je me brosse les cheveux.

⑦ Mon petit frère et moi, nous nous disputons.

⑧ Il est huit heures et demie déjà! Je me dépêche!

⑨ Mais… C'est dimanche!

⑩ Alors, je me couche et après on s'amuse!

 Parlez!

Travaille avec un(e) partenaire. Lisez l'histoire de Floriane à haute voix.

quatre-vingt-dix-huit

3 Écoutez et chantez!

Je m'habille
Tu te laves
Il se réveille
Nous nous couchons
Vous vous brossez les dents
Ils se lèvent
Et elles s'amusent.

J'AVANCE

You have already met several **reflexive verbs** when you talked about your daily routine. You can always spot a reflexive verb in the infinitive form because it has a **se** in front of it:
se laver, **se réveiller**, **s'habiller**

Most reflexive verbs end in **–er**. They form the present tense in the same way as normal verbs, except you need to add a reflexive pronoun before the verb. The **reflexive pronoun** changes according to who is doing the action.

Se réveiller	To wake up
je **me** réveille	I wake up
tu **te** réveilles	you wake up (one friend)
il/elle/on/Paul **se** réveille	he/she/one/Paul wakes up
nous **nous** réveillons	we wake up
vous **vous** réveillez	you wake up
ils/elles/Paul et Claire **se** réveillent	they/Paul and Claire wake up

4 Écrivez!

Écris l'histoire de Floriane à la troisième personne.

Exemple: *Elle se réveille tard …*

 ON RÉFLÉCHIT!

Travaille avec un(e) partenaire. Parlez de votre routine.

Exemple: *Je me réveille à sept heures dix…*

EN AFRIQUE

Musique

Dans tous les pays d'Afrique, la musique fait partie de la vie. On
passe des heures à écouter des cassettes ou la radio.

Le rap est la musique préférée des 15 à 25 ans, mais la musique
africaine devient de plus en plus populaire dans le monde entier.

Awilo Longomba et Soao Costa Alegre

Loisirs préférés

Un des loisirs préférés c'est d'aller au cinéma avec des copains (31%). Mais on va souvent au vidéo-club
pour voir un film en famille.

On aime aussi se promener avec des amis dans un
endroit tranquille, ou dans une rue animée (23%).

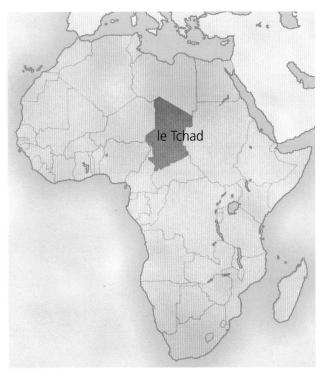

le Tchad

Associations: l'union fait la force

On est très forts dans la création et l'animation
d'associations, où s'activent filles et garçons
(47%). Associations autour du sport, théâtre,
photo, arts, musique, etc... Le pays où les
associations sont les plus nombreuses est le
Tchad: 74% des jeunes y participent.

Sport

Enfin, le sport motive plus les garçons (47%) que les filles (29%). Allez les filles! Les sports les plus pratiqués sont le foot (42%), l'athlétisme (23%) et le basket (23%). Mais on est de plus en plus nombreux à s'intéresser au tennis.

Mode

Tee-shirt, jean, baskets, casquette – ça, c'est la mode des jeunes de la planète, du Niger à la Mongolie, des États-Unis à la Mauritanie.

Mais de plus en plus, on fait preuve de créativité, d'originalité, de personnalité en adaptant la mode jeune internationale au style africain. Quand on se promène dans les rues de Dakar ou Abidjan, on voit des chemises, casquettes, robes avec en plus l'invention des jeunes stylistes qui veulent exprimer l'identité africaine.

 Lisez!

Lis le texte.

 Lisez!

Travaille avec un(e) partenaire.
a Faites une liste de tous les mots qui ressemblent à l'anglais.
b Faites une liste de tous les mots que vous comprenez.

Lisez!

Réponds aux questions suivantes en anglais.
1 What is the most popular style of music for 15 to 25 year olds?
2 Name two of the hobbies mentioned in the second paragraph.
3 What sort of clubs are young Africans members of?
4 Which country has the largest number of clubs?

Écrivez!

Écris un résumé des paragraphes 'Sport' et 'Mode' en anglais.

EN VACANCES

A Je pars en vacances!

ON COMMENCE

Contre la montre! En Français, écris une liste des vêtements qu'il te faut quand tu pars en vacances.
Write a list of clothes that you need when you go on holiday, in French.

ON APPREND

1 Écoutez!

Vincent part en vacances. Qu'est-ce qu'il lui faut? Écris les bonnes lettres.
Vincent is going on holiday. What does he need?

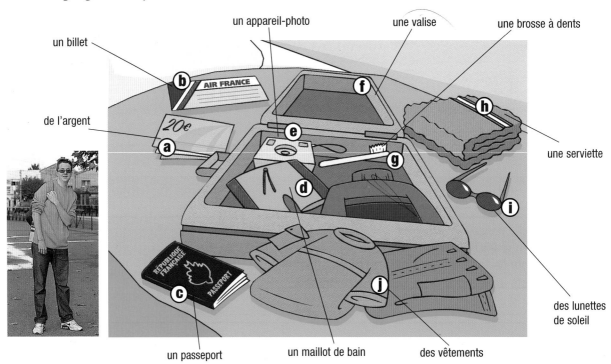

un appareil-photo   une valise   une brosse à dents

un billet

de l'argent

une serviette

des lunettes de soleil

un passeport   un maillot de bain   des vêtements

J'AVANCE

To say what items you need, use **Il me faut**.
If you are telling or asking a friend what they need, use **Il te faut**.

Il me faut un passeport	**Il te faut un passeport**
I need a passport	**You need a passport**

2 Parlez!

Travaille avec un(e) partenaire. La personne A choisit un objet en secret.
La personne B dit ce qu'il lui faut.

A – *Il te faut* un passeport?

A – *Il te faut* un maillot de bain?

B – Non.

B – Oui. *Il me faut* un maillot de bain.

3 Lisez!

Lis les trois textes. Écris en anglais une liste des objets qu'il leur faut pour partir en vacances.

Les vacances des stars!

CHRISTINA AGUILERA

J'adore me bronzer à la plage. Pour aller au bord de la mer, il me faut un maillot de bain, une serviette et des lunettes de soleil. Et en plus il me faut un bon livre, ça, c'est essentiel!

J'adore aller en vacances à la montagne. Pour mes vacances d'hiver, il me faut des vêtements chauds, des skis et des lunettes de soleil. J'adore faire du ski.

WILLIAM GALLAS

KELLY ROWLAND

Je préfère passer mes vacances à la campagne. J'adore faire des randonnées à pied. Alors, il me faut un sac à dos, un anorak, et des chaussures.

4 Parlez!

Travaille avec un(e) partenaire. Regardez les cartes postales de vacances. 'Qu'est-ce qu'il te faut pour…?'

Qu'est-ce qu'il te faut pour aller		à la plage?
		à la montagne?
		en ville?
		à la campagne?
Pour aller à la plage,		un billet
		un passeport
		un maillot de bain
Pour aller à la montagne,		un appareil-photo
		un sac à dos
	il me faut	une valise
		une brosse à dents
Pour aller à la campagne,		une serviette
		de l'argent
		des lunettes de soleil
Pour aller en ville,		des vêtements

à la plage

à la montagne

en ville

à la campagne

ON RÉFLÉCHIT!

Écris une liste des choses qu'il te faut pour aller aux endroits de l'activité 4.

B Bon voyage!

- You will learn how to explain a journey to someone
- You will create sentences with **il faut** + an infinitive

ON COMMENCE

Contre la montre! Travaille avec un partenaire. Ensemble, faites une liste de noms des moyens de transport.

ON APPREND

1 Lisez!

Travaille avec un(e) partenaire. Regardez l'itinéraire pour le voyage et mettez les six phrases en ordre.

L'itinéraire

(1) Prends le bus pour aller à la gare.

(2) Prends le train pour aller à l'aéroport.

(3) Prends l'avion pour Paris.

(4) Prends le métro pour aller chez ton correpondant.

se présenter = to check in

a Il faut se présenter à l'aéroport.
b Il faut monter dans le train.
c Il faut prendre le bus pour aller à la gare.
d Il faut prendre le métro pour aller chez ton correspondant.
e Il faut descendre du bus à la gare.
f Il faut descendre du train à l'aéroport.

2 Écoutez!

Écoute pour vérifier tes réponses à l'activité 1.

J'AVANCE

Do you remember what **il me faut** means from the last lesson?
Activity 1 uses the structure **il faut**, without the **me** or **te** in the middle. This means 'it's necessary' and can be used with the verb in the infinitive.

il faut prendre le bus = it's necessary/you have to take the bus.

3 Lisez!

Voici une liste des choses à faire. Relie le français et les images.

Exemple: *1 d*

1 Quitte ta maison.
2 Achète un billet à la gare.
3 Trouve le bon quai.
4 Trouve un siège dans le train.
5 Téléphone à ton correspondant
   quand tu arrives à Paris.

trouver = to find
quitter = to leave

4 Écrivez!

Change les instructions dans la liste de l'activité 3: utilise il faut + l'infinitif.
*Now change each of the instructions in activity 3: use **il faut** + **infinitive**.*

Exemple: *Quitte ta maison.* → **Il faut** *quitter ta maison.*

Ajoute ces instructions à ta liste de l'activité 1 dans le bon ordre.
Now add these to your itinerary list from activity 1 in the correct order.

5 Écoutez!

Regarde les deux images. On parle de quel voyage? Écris la bonne lettre.

Voyage A

Voyage B

ON RÉFLÉCHIT!

Joue au morpion avec un(e) partenaire.

Il faut… prendre le bus
prendre le métro
téléphoner à ton correspondant
acheter un billet
trouver un siège dans le train
se présenter à l'aéroport
quitter la maison
monter dans le train
descendre du train

C On donne des directions

Learning objectives
- You will learn how to explain a route
- You will practise building complex sentences using connectives

ON COMMENCE

Travaille avec un(e) partenaire. La personne A choisit un symbole. La personne B dit la phrase française.

1 Prends la première rue à droite.
2 Prends la troisième rue à gauche.
3 Traverse le pont.
4 Traverse la place.
5 Continue tout droit.

ⓐ   ⓑ   ⓒ

ⓓ   ⓔ

ON APPREND

1 Parlez et écoutez!

a Travaille avec un(e) partenaire. À tour de rôle, reliez les débuts et les fins de phrases.

Exemple: 1 c

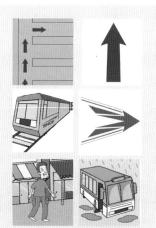

1 Prends la troisième rue à droite	**a** quand tu arrives à Paris.
2 Prends le train	**b** parce que c'est plus rapide.
3 Va à pied,	**c** et continue tout droit.
4 Descends du train	**d** et puis l'autobus.
5 Prends d'abord la deuxième à droite	**e** mais s'il pleut, prends le bus.
6 Prends d'abord le train	**f** et puis traverse le pont.

b Écoute et vérifie.

J'AVANCE

Et, **parce que**, **mais**, **si**, **quand** and **puis** are all really important words that help you build longer sentences. Can you remember what they all mean?
There is one new connective word in activity 1, **d'abord**.

Prends <u>d'abord</u> le train,   **et puis l'autobus**
<u>**First</u>, take the train,**   **and then the bus**

2 Écrivez!

Remplis les blancs. Choisis des mots dans la case.

1 Prends le bus <u> *parce* </u> <u> *que* </u> c'est moins cher qu'un taxi.

2 Prends le bus, _____ _____ 'il fait beau va à pied.

3 _____ tu arrives à la gare, descends du bus.

4 Tourne à gauche _____ prends la troisième à droite.

5 Traverse la place _____ continue tout droit.

6 Prends _____ le bus _____ _____ le train.

> puis = then
> d'abord = first
> et = and
> parce que = because
> mais = but
> quand = when
> si = if
> ensuite = then

3 Lisez!

Hussein a écrit une lettre à son correspondant pour lui expliquer comment venir chez lui.
Mets les images dans le bon ordre.

Salut!

Je t'explique comment venir chez moi.
D'abord, prends l'Eurostar de Londres à Paris. Quand tu arrives à la gare du Nord, prends le métro parce que c'est moins cher qu'un taxi. Descends du métro à Alésia. S'il fait beau, descends la rue d'Alésia à pied. Mais s'il pleut, prends le bus 62 et descends à la rue Didot. Traverse la rue et tourne à gauche. Prends la deuxième rue à droite et puis la première rue à droite. Moi, j'habite au numéro 15.

À bientôt!

Hussein

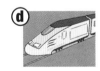

4 Lisez!

Traduis les phrases en rose dans la lettre d'Hussein en anglais.

ON RÉFLÉCHIT!

Ton correspondant français vient te voir.
Écris une lettre pour expliquer comment venir chez toi.

ON COMMENCE

Écris 1 à 4. On parle de qui? C'est une fille ou un garçon?

ON APPREND

1 **Écoutez et lisez!** ─────────────────────────────

Écoute et lis la conversation.

Allô.

Allô. Ici Mariama. C'est bien Paul?

Oui, c'est moi.

Tu arrives demain?

Oui. Le train arrive à onze heures dix. Je n'ai pas de photo de toi. Tu es comment?

Alors, je suis de taille moyenne.

Très bien. Moi, je suis grand. J'ai les cheveux courts, frisés et noirs. Et tes cheveux?

J'ai les cheveux longs, ondulés et blonds et j'ai les yeux bleus.

Quand tu arrives, on prend le bus. Ça prend dix minutes.

Alors à demain!

J'AVANCE 1

As you already know, when a word ends in a consonant you normally don't pronounce it. However there are some exceptions. Listen again to this line from the conversation:

On prend le bus. Le train arrive à onze heures dix.

Sometimes words change their pronunciation according to the letters which follow them:

Silent 'x' when followed by a consonant: **Ça prend dix minutes.**

Pronounced 's' when followed by a vowel or 'y': **J'ai les yeux marron.**

Copy out these sentences.

a Underline the silent 'x': **J'ai dix chats. Il est huit heures dix.**

b Underline the pronounced 's': **J'ai les cheveux longs. J'ai les yeux verts.**

Listen to check.

2 Parlez!

Travaille avec un(e) partenaire.

a **Lisez la conversation de l'activité 1 à haute voix.**

b **Lisez la conversation encore une fois, mais changez les mots en rouge.**

J'AVANCE 2

As you know, you can listen for two types of information, the gist and the detail. In the starter activity you listened for the **gist** of the message – if the person being described was a girl or boy. You are now going to listen out for more specific information. This is called listening for **detail**.

3 Écoutez!

Quatre personnes ont laissé des messages sur le répondeur.

Prends des notes pour chaque personne qui parle. Note les informations suivantes:

Exemple: *1.*

Nom:	*Julien*
Arrivée:	*à 8h*
Description:	*grand*
Cheveux:	*noirs et frisés*

4 Écrivez!

Regarde tes notes pour l'activité 3. Récris les phrases à la troisième personne.

Exemple: *1. Il s'appelle Julien.*
Il arrive à huit heures.
Il est grand.
Il a les cheveux noirs et frisés.

Il s'appelle … Elle s'appelle …				
Il arrive Elle arrive		à … heures		
Il est Elle est		grand(e) petit(e) de taille moyenne		
Il a Elle a	les cheveux	noirs bruns blonds roux	et	frisés courts longs raides

? ON RÉFLÉCHIT!

Travaille avec un(e) partenaire.

La personne A lit la phrase à haute voix.

La personne B dit si c'est bien prononcé.

1 J'ai deux animaux.

2 J'ai dix ans.

3 Il a les yeux bleus.

4 Il est sept heures dix.

Écoutez et vérifiez!

E Bienvenue!

ON COMMENCE

Tu te souviens du verbe 'vouloir'? Reconstitue le verbe au présent.

Exemple: *1 d*

1 Je		**a**	voulons
2 Tu		**b**	veut
3 Il		**c**	veux
4 Nous		**d**	veux
5 Vous		**e**	veulent
6 Elles		**f**	voulez

ON APPREND

1 Écoutez et lisez!

L'invité infernal!

J'AVANCE

You have already met several modal verbs. They are often followed by another verb in the infinitive.

Vouloir   **Je veux boire** = I want to drink   **Tu veux manger?** = Do you want to eat?
Pouvoir   **Je peux dormir?** = Can I sleep?   **Tu peux prendre un bain** = You can have a bath
Devoir   **Je dois téléphoner à ma famille** = I have to/must phone my family
              Tu dois avoir faim = You must be hungry
              Tu dois téléphoner à ta famille? = Do you have to phone your family?

How many examples of modal verbs can you see in the conversation in activity 1?

 Lisez! ⎯⎯⎯⎯⎯⎯⎯⎯⎯⎯⎯⎯⎯⎯⎯⎯⎯⎯

Dans la conversation de l'activité 1, trouve comment on dit les phrases suivantes en français.

> When saying what you want, it is more polite to use 'Je voudrais', rather than 'Je veux', as you did when learning about food shopping.

1 Can I drink a cup of tea?
2 You can have a shower.
3 I have to phone my parents.
4 I want to eat something.
5 I have to sleep.
6 You must be tired!

 Écoutez! ⎯⎯⎯⎯⎯⎯⎯⎯⎯⎯⎯⎯⎯⎯⎯⎯⎯⎯⎯⎯⎯⎯⎯⎯⎯⎯⎯⎯⎯⎯⎯⎯⎯

Écris 1 à 6. Écris la bonne lettre.

Exemple: *1 e*

 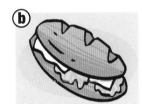  

 Parlez! ⎯⎯⎯⎯⎯⎯⎯

Travaille avec un(e) partenaire. Regardez les objets de l'activité 3 et faites des phrases différentes.

> Je dois téléphoner à ma famille.

> Tu veux téléphoner à ta famille?

? ON RÉFLÉCHIT!

Voici cinq réponses. Écris des questions.

Exemple: *Tu veux manger quelque chose?*

1 Non, j'ai mangé sur le bateau.
2 Voici ta chambre.
3 Oui! Je voudrais une limonade.
4 Oui. Où est la salle de bains?
5 Voici le téléphone.

Learning objectives

- You will learn to talk about guests
- You will practise using verb tables to form and check verbs

ON COMMENCE

Travaille avec un(e) partenaire. La personne A lit la phrase. La personne B dit qui parle – l'invité ou l'hôte.

Exemple: *1. L'hôte*

1 Tu veux une tasse de café?

2 Je dois boire quelque chose.

3 Je peux téléphoner en Angleterre?

4 Tu veux prendre une douche?

5 Tu dois être fatigué.

6 Je peux manger quelque chose?

ON APPREND

1 Lisez!

C'est quelque chose qu'il faut faire ou qu'il ne faut pas faire quand on est chez une famille en France? Mets les phrases dans la bonne colonne.

laisser = to leave
répondre = to answer

Il faut ✓	Il ne faut pas ✗
	Finir tous les chocolats

a Finir tous les chocolats.

b Ranger sa chambre.

c Parler tout le temps au téléphone.

d Laisser la salle de bains en désordre.

e Parler français.

f Se disputer avec la famille.

g Rester au lit jusqu'à midi.

h Répondre aux questions de la famille.

2 Écoutez! ————————————————

Écoute et vérifie.

3 Lisez!

Lis ces descriptions d'invités. Note en anglais ce qu'ils font.
Read about the guests. Note in English the things they do.

Sylvia Sympa

Ma correspondante s'appelle Sylvia. Elle est très sympa. Elle range sa chambre tous les jours et elle parle français tout le temps. Elle répond aux questions de ma petite sœur et elle finit mes devoirs d'anglais pour moi!

Chris et Cassie Casse-pieds

J'ai deux correspondants. Ils s'appellent Chris et Cassie. Ils sont casse-pieds! Ils restent au lit jusqu'à une heure de l'après-midi et ils laissent la salle de bains en désordre! Ils finissent tous les chocolats et ils parlent tout le temps au téléphone! En plus, ils se disputent avec ma famille!

J'AVANCE

Verb tables are useful to help you form verbs and check your work.
When you look up verbs you need to look for the following things:

The infinitive If the verb is regular, you won't find the exact verb, but a model example for that type.
The tense Are you checking a verb in the present, past or future tense?
The person Who is doing the action? Choose from **je/tu/il/elle/on/nous/vous/ils/elles**.

4 Lisez!

Trouve la forme correcte du verbe au présent. Regarde la page 128 comme référence.

1 Il ___(rester)___ au lit jusqu'à midi.
2 Il ___(laisser)___ la salle de bains en désordre.
3 Elles ___(finir)___ tous les chocolats.

4 Elle ___(finir)___ ses devoirs.
5 Il _(se disputer)_ avec ma famille.
6 Ils _(répondre)_ à mes questions.

5 Parlez!

Travaille avec un(e) partenaire. Regardez les images.
Que font les correspondants?

Exemple: 1. *Elle finit tous les chocolats!*

	range la chambre.
Il Elle	parle tout le temps au téléphone.
	parle français.
	laisse la salle de bains en désordre.
	reste au lit jusqu'à midi.
	finit tous les chocolats.
	finit mes devoirs.
	répond aux questions de ma famille.

ON RÉFLÉCHIT!

Imagine que tu as un correspondant chez toi.
Il/elle est sympa ou casse-pieds?
Qu'est-ce qu'il/elle fait?

ON COMMENCE

Contre la montre! Travaille avec un(e) partenaire. Écrivez une liste de cadeaux!
Un vélo, …

ON APPREND

1 Parlez!

Travaille avec un(e) partenaire. On vous a donné des cadeaux! Dites merci!

Exemple: *a. Merci pour le vélo!*

ⓐ

le vélo

ⓑ

le livre

ⓒ

le tee-shirt

ⓓ

le walkman

ⓔ

la casquette

ⓕ

la montre

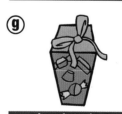

ⓖ

les chocolats

ⓗ

les baskets

2 Écoutez!

Écris 1 à 5. On parle de quel cadeau? Regarde les images de l'activité 1 et écris la bonne lettre.
Exemple: *1 b*

J'AVANCE

If you don't want to repeat a noun you have already said, you can use a pronoun:

Merci pour le tee-shirt.   **Je porte le tee-shirt tous les jours.**

OR

Merci pour le tee-shirt.   **Je le porte tous les jours.**

These pronouns go before the verb. You need to select the correct pronoun: **le/la/l'/les**.

In order to choose the right one, follow the questions at the top of page 115:

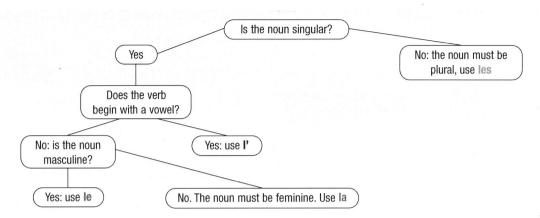

Is the noun singular?

Yes → Does the verb begin with a vowel?

No: the noun must be plural, use **les**

No: is the noun masculine? → Yes: use **l'**

Yes: use **le**

No. The noun must be feminine. Use **la**

3 Écrivez!

Remplis les blancs avec le bon pronom. Le, la, l' ou les?

Exemple: *Merci pour le tee-shirt. Je l'adore!*

1 Merci pour le tee-shirt. Je _____ adore!

2 Merci pour le livre. Je _____ lis tous les jours.

3 Merci pour le CD. Je _____ écoute souvent.

4 Merci pour les baskets. Je _____ porte quand je joue au foot.

5 Merci pour la casquette. Je _____ porte avec mon sweat préféré.

6 Merci pour les chocolats. Je _____ aime beaucoup!

7 Merci pour la télévision. Je _____ regarde dans ma chambre.

4 Lisez!

Lis les notes de remerciement. On parle de quel cadeau?

1 C'est très joli et j'adore le rose! Je le porte tous les jours!

2 Merci beaucoup! Je l'écoute tout le temps. J'adore la musique pop!

3 Je les utilise quand je fais mes devoirs.

4 Je la porte tous les jours et maintenant je sais quelle heure il est!

(a) une montre

(b) des stylos

(c) un walkman

(d) un tee-shirt

5 Parlez!

Travaille avec un(e) partenaire. On vous a donné des cadeaux. Dites merci à tour de rôle.

Exemple: *Merci pour la casquette.*
Je la porte tous les jours.

(a) (b) (c) (d)

Je ... porte
Je ... écoute
Je ... regarde

ON RÉFLÉCHIT!

On t'a donné un cadeau. Écris un e-mail pour dire merci. Regarde cet exemple:

Salut!

Merci beaucoup pour <u>le tee-shirt</u>. Je <u>le porte tous les jours</u>. C'était très sympa!

Amitiés,
Luc

H **Des cartes postales**

ON COMMENCE

Écoute et remplis les blancs.

1 Je vais ……… Tunisie.
2 On va ……… Maroc.
3 On va … … plage.

4 Je vais …….. bowling.
5 On va ……… ville.

au   à la
en

ON APPREND

1 **Lisez!**

Keisha et Zak ont écrit des cartes postales à leur prof de français.
Relie les cartes postales et les images.

a

b

1

Salut!
Je m'amuse ici en Belgique. Il fait beau
et il y a du soleil. Je vais à la plage tous
les jours avec ma correspondante et
puis on mange au fast-food. C'est
amusant. Hier, je suis allée au parc
d'attractions et le soir j'ai regardé un
film français au cinéma! C'était très
difficile! Demain, je vais aller en ville
et je vais acheter un cadeau pour vous!
Amitiés,
Keisha

2

Salut!
Je m'amuse ici en France. Il fait chaud
mais il y a du vent.
Normalement je joue au foot au parc
avec mon correspondant ou on va à
la piscine. Mais hier, je suis allé en
ville et j'ai fait du shopping. C'était bien.
Demain, je vais aller à la plage.
Ce sera génial!
Amitiés,
Zak

J'AVANCE 1

Look at these two sentences from the postcards:

Zak – **Hier, je suis allé en ville.**
Keisha – **Hier, je suis allée au parc d'attractions.**

Both these sentences mean: 'Yesterday I went …'

Aller forms its past tense in a different way from other verbs you have used before. Instead of using **avoir**, (for example, **J'ai regardé**) it uses the verb **être**. Look again at the two sentences. Why do you think there is an extra 'e' on the end of **allé** in Keisha's postcard, but not in Zak's?

 Parlez!

Travaille avec un(e) partenaire. 'Où es-tu allé(e)?' Jouez au morpion.

J'AVANCE 2

When reading and listening you will often need to know whether an action has already happened (the past); is going to happen (the future); or is still happening (the present). You can do this in two ways:

1 Look out for the formation of the verb to work out the tense:

Past: **j'ai joué, j'ai fait, je suis allé, c'était**
Future: **je vais jouer, je vais aller, ce sera**
Present: **je joue, je vais, c'est**

2 Look out for any time expressions which might help you:

Past: **hier**
Future: **demain, lundi prochain**
Present: **normalement, tous les jours**

Look back at the postcards and work out which sentences are in the present, past or future.

 Écoutez!

Six jeunes parlent des activités de vacances. Écris 1 à 6. Ils parlent au passé, au présent ou au futur?

 ON RÉFLÉCHIT!

Choisis une des images et écris une carte postale à ton prof de français.

Salut!
Je m'amuse ici ...
Normalement ...
c'est ...
Hier ...   c'était ...
Demain ...   ce sera ...
Amitiés

Merci beaucoup!

ON COMMENCE

Travaille avec un(e) partenaire. Qui sera millionnaire?
Choisissez le bon pronom.

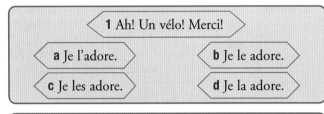

1 Ah! Un vélo! Merci!

a Je l'adore.
b Je le adore.

c Je les adore.
d Je la adore.

2 Merci pour la montre.

a Je le porte beaucoup.
b Je les porte beaucoup.

c Je la porte beaucoup.
d Je l'porte beaucoup.

3 Merci pour les baskets!

a Je le adore.
b Je l'adore.

c Je la adore.
d Je les adore.

ON APPREND

 Écoutez!

Écris 1 à 4. Qu'est-ce qu'ils ont fait? Écris la bonne lettre.

Exemple: *1 a*

a

b

c

d

Lisez!

Lis la lettre de Shayan et réponds aux questions en anglais.

> *Salut!*
>
> *Merci beaucoup pour le séjour chez toi. Quelles vacances fantastiques! J'ai passé deux semaines super au Maroc. C'était génial! J'ai beaucoup aimé la visite au parc d'attractions et la journée à la plage. Je me suis bien amusé!*
>
> *Merci aussi pour le cadeau. Quel livre intéressant! Je le lis tous les jours.*
>
> *À bientôt,*
>
> *Shayan*

a Where did Shayan go on holiday? **b** What activities did he do? **c** What present did he get?

 ## J'AVANCE 2

In Shayan's letter he uses two new expressions: **Quelles vacances fantastiques!**
Quel livre intéressant!

You have already met the word **quel** when asking questions:

Quel temps fait-il?
Quelle est la capitale de la France?

The spelling of **quel** depends on whether the noun is singular, plural, masculine or feminine.
What do you think these expressions mean?

Masculin singulier	**Quel désastre!**	**Masculin** pluriel	**Quels chocolats délicieux!**
Féminin singulier	**Quelle surprise!**	**Féminin** pluriel	**Quelles chaussures jolies!**

 Lisez!

Dans la lettre de Shayan, trouve comment on dit en français:

1 What a fantastic holiday!
2 I spent two great weeks
3 I really liked
4 I really enjoyed myself!
5 What an interesting book!

 ## ON RÉFLÉCHIT!

Tu as passé une semaine en Suisse. Écris une lettre à ton/ta correspondant(e). Choisis les bonnes phrases!

> Salut!
> Merci beaucoup pour le séjour chez toi.

À bientôt.

Je me suis bien amusé(e)!
Merci aussi pour le cadeau.

Quel tee-shirt chic!
Quel tee-shirt moche!
Je le porte tous les jours!
Je ne le porte pas!

Quelles vacances ennuyeuses!
J'ai passé une semaine fantastique en Suisse.
Quelles vacances merveilleuses!
J'ai passé une semaine fantastique en Algérie.

J Lecture et Culture: Le grand quiz

Learning objective

- You will practise answering questions in detail

1 Écoutez et lisez!

Écris 1 à 8. Choisis la bonne question.

Exemple: *1 b*

a Tu veux jouer au tennis ce soir?
b Qu'est-ce que tu as mangé hier?
c Quelle est la capitale de la France?
d Qu'est-ce que tu portes au collège?
e Quel temps fait-il?
f Kylie Minogue est de quelle nationalité?
g Où est le cinéma?
h Comment vas-tu au collège?

2 Parlez!

Travaille avec un(e) partenaire. La personne A lit la question. La personne B choisit la bonne réponse.

1 Tu aimes le football?
2 Qu'est-ce que Jacques Chirac mange au petit déjeuner?
3 Tu veux aller au bowling après l'école?
4 Qu'est-ce qu'il y a en ville?
5 Qu'est-ce que tu fais quand il pleut?
6 Quels sont les ingrédients de la salade de patates douces?
7 Qu'est-ce que tu bois quand il fait froid?
8 Qu'est-ce que tu as bu hier?

Quand il fait froid, je bois du thé ou du café.

Les ingrédients de la salade de patates douces sont des patates douces, de la moutarde et du citron.

Je pense que Jacques Chirac mange des céréales et du pain avec de la confiture.

Oui, j'aime le football parce que c'est amusant, mais je préfère jouer au tennis.

Quand il pleut, je regarde la télé ou j'écoute de la musique.

Hier, j'ai bu un jus d'orange, deux cocas et de l'eau.

En ville il y a le parc, le collège, l'église, la mosquée et les magasins.

Je ne peux pas. Je dois faire la vaisselle.

3 Parlez!

Et maintenant, le grand quiz d'Avance 2! Jouez à trois. Posez des questions et répondez à tour de rôle.
Répondez en phrases complètes: ajoutez beaucoup de détails!

1 Tu veux jouer au foot après l'école?	**2** Tu aimes Jennifer Lopez?	**3** Quelle est la capitale de la Belgique?	**4** *Avance de 3 cases*	**5** Qu'est-ce que tu fais le week-end?
10 Où est la mosquée?	**9** *Recule de 3 cases*	**8** Quels sont les ingrédients du chou-fleur au gratin?	**7** Qu'est-ce que tu as mangé hier?	**6** Qu'est-ce qu'il y a en ville?
11 Tu veux aller au cinéma ce soir?	**12** Tu aimes le handball?	**13** C'était quand, la bataille de Waterloo?	**14** *Avance de 3 cases*	**15** Où est le tapis volant?
20 Comment vas-tu au collège?	**19** *Recule de 3 cases*	**18** Quelle est la capitale de la Guinée-Bissau?	**17** Qu'est-ce que tu bois quand il fait chaud?	**16** Que porte David Beckham?
21 Qu'est-ce que Thierry Henry mange au petit déjeuner?	**22** Qu'est-ce que tu portes le week-end?	**23** Shakira est de quelle nationalité?	**24** Quel temps fait-il aujourd'hui?	**25** J'ai gagné!

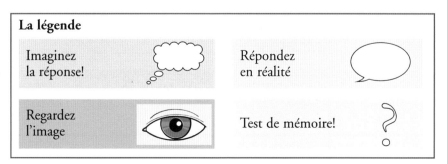

La légende

Imaginez la réponse!		Répondez en réalité	
Regardez l'image		Test de mémoire!	

Écoutez!

1a. Écoute bien. Écris 1 à 8 et choisis le pays correct.

- **a.** Autriche
- **b.** Portugal
- **c.** Finlande
- **d.** Suède
- **e.** Royaume-Uni
- **f.** Cameroun
- **g.** Burkina Faso
- **h.** Maroc

1b. Écoute encore une fois. Écris 1 à 8 et la lettre du temps qu'il fait.

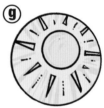

1c. Écoute une troisième fois. Écris si chaque personne aime habiter dans son pays **ou n'aime pas habiter dans son pays** **. Écris les opinions aussi.**

2. Écoute Annick. Note d'abord les points forts de ce qu'elle dit et ensuite les détails sur sa vie et ses opinio

Listen to Annick. Note down the main points of what she says, and then some details about her life and opinions.

Points forts	Détails
Elle habite en Guadeloupe	à Basse-Terre

Lisez!

Lis cet article. Copie la grille et remplis-la.

Voici Annie, elle est française mais elle habite à New York. Sa mère est diplomate.
Elle a déjà habité en Australie, en Belgique, au Mexique et au Cameroun.
Voici ce qu'elle dit sur sa vie:

'C'est bien d'habiter beaucoup de pays différents. On fait l'expérience de beaucoup de cultures différentes et c'est très intéressant. Pour moi, c'est un privilège.
Et aussi le temps change avec chaque pays et donc les activités changent aussi!
Par exemple, quand il fait beau en Australie, on va au bord de la mer. Je me bronze, j'adore ça. Quand il neige, aux États-Unis, je vais à la montagne faire du ski avec ma famille.
C'est génial. Et s'il ne fait pas beau je joue avec mon ordinateur – on peut faire ça partout dans le monde!'

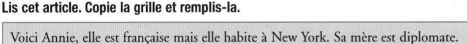

Pays habités	Temps normal	Activité	Son opinion
Australie	il fait beau	on va au bord de la mer	elle adore ça

Parlez!

. Travaille avec un(e) partenaire. La personne A pose les questions, la personne B répond. Puis changez de rôle.

Exemple: A – *Qu'est-ce qu'il y a en ville?*
B – *Il y a un stade.*

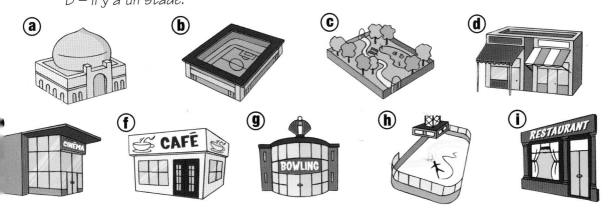

. Travaille avec un(e) partenaire. La personne A pose les questions, la personne B répond.
Puis changez de rôle.

Exemple: A – *Où est le restaurant?*
B – *Traversez le pont.*

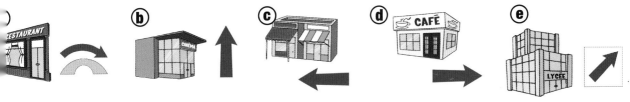

. Travaille avec un(e) partenaire. La personne A pose les questions, la personne B invente les réponses.
Puis changez de rôle.

Qu'est-ce qu'il y a en ville?

Est-ce qu'il y a un cinéma?

Où est le stade?

La piscine est tout droit?

Écrivez!

Change ce récit de 'je' en 'il' – attention aux terminaisons!
Change this text from 'I' to 'he' – watch out for endings.

Exemple: *Il habite au centre-ville...*

'habite au centre-ville. Je vais au collège en autobus.
'aime ça – c'est rapide. Tous les jours, j'attends
'autobus devant ma maison. Je descends devant
e collège. C'est très pratique. Après le collège, je fais
nes devoirs et je finis vers sept heures, puis je joue
u foot avec des copains.

3. Écris un email à un copain/une copine qui
veut venir chez toi après le collège.

Donne-lui les directions correctes.

Écoutez!

1a. Écoute bien ces invitations. Écris 1 à 8, et choisis le mot correct.

- **a.** demain
- **b.** ce week-end
- **c.** mardi prochain
- **d.** cet après-midi
- **e.** ce soir
- **f.** ce matin
- **g.** jeudi soir
- **h.** lundi prochain

1b. Écoute encore une fois. Écris 1 à 8, et fais correspondre l'activité.

(a)  (b)  (c)   (d)

(e)   (f)  (g)  (h)

1c. Écoute une troisième fois. Écris si chaque personne accepte ✓ ou refuse ✗ l'invitation. Écris aussi les opinions/raisons.

2. Écoute Stéfanie et note d'abord des détails sur Stéfanie et sa famillie et les activités planifiées. Écoute encore une fois et note quand elle va faire l'activité et son opinion/sa raison.

Stéfanie	âge:	
Frère	nom:	âge:
Activité	quand	raison/opinion
faire devoirs faire du vélo		

Lisez!

3. Lis cet article. Copie la grille et remplis-la.

Philippe raconte sa vie idéale

'Je vais gagner la loterie à l'âge de seize ans et je ne vais pas travailler. Ce sera fantastique! Dan[s] mon temps libre je vais jouer au foot pour la France et marquer des buts. Je vais aussi partir en croisière autour du monde dans un bâteau de luxe, et visiter les Antilles, les États-Unis et l'Australie. Je pense que je voudrais me marier avec une belle femme qui a les cheveux longs et bruns, les yeux verts et qui est amusante. Nous allons habiter ensemble dans un grand château à la montagne avec dix chambres, une grande piscine et un sauna. Ce sera génial. J'espère aussi avoir beaucoup d'amis, une grande voiture et deux enfants adorables.'

Ambition à 16 ans:	
Opinion:	
Plans pour son temps libre:	
Pays qu'il va visiter:	
Maison:	
Situation:	
Opinion:	
D'autres ambitions:	

Qu'est-ce que c'est en anglais?

1. marquer des buts
2. des croisières
3. de luxe
4. me marier

Parlez!

a. Travaille avec un(e) partenaire. La personne A pose les questions, la personne B répond. Puis changez de rôle. Par coeur!

A – *Vous désirez?*

B – *Je voudrais ... et ...*

A – *Voilà.*

B – *??*

A – *Ça fait (trois) euros.*

 a

b

c

d

f

h

g

e

i

b. Travaille avec un(e) partenaire. La personne A pose les questions, la personne B répond. Puis changez de rôle. Par coeur!

A: *Tu aimes manger...?* ♥ + ?

B: *Oui, parce que c'est.../Non, parce que c'est...*

A: *Tu aimes boire...?* ♥ + ?

B: *Oui, parce que c'est.../Non, parce que c'est...*

c. Travaille avec un(e) partenaire. La personne A pose les questions, la personne B répond. Puis changez de rôle.

> Qu'est-ce que tu as mangé et bu hier? C'était comment?

> Qu'est-ce que tu as fait le week-end? C'était comment?

> Qu'est-ce que tu vas faire/manger/boire demain? Ce sera comment?

Écrivez!

Écris un paragraphe. Complète les phrases.

ₒur le je ... et je ....

 manger ... parce que c'est ...

 manger ... parce que c'est ...

 boire ... parce que c'est ...

 boire ... parce que c'est ...

3. Écris un email à un copain/une copine. Décris ton week-end en trois paragraphes:
- Qu'est-ce que tu as fait samedi?
- Qu'est-ce que tu as fait dimanche?
- Qu'est-ce tu as mangé et bu?

Écris, si possible, un paragraphe en plus:
- Qu'est-ce que tu vas faire le week-end prochain?

Écoutez!

1a. Écoute bien. Écris 1 à 6, et choisis l'image correcte.

1b. Écoute encore une fois. Écris 1 à 6. Écris si on aime les vêtements ou n'aime pas les vêtements qu'on décrit. Écris aussi les opinions.

2. Écoute Walid. Note d'abord les points forts de ce qu'il dit et ensuite les détails sur ses vêtements, ses loisir et ses opinions.

Lisez!

3a. Lis cet article.

La mode, c'est important!

Carine

La mode, c'est un peu stupide. L'important, c'est de trouver son style. Même si ce n'est pas à la mode, l'essentiel c'est que le look reflète l'originalité et la personnalité de l'individu. Moi, je préfère porter des vêtements que j'aime, surtout des vêtements chics et classiques.

Marc

Je pense que le look et la mode sont très importants. Je m'intéresse beaucoup aux vêtements. Je lis les magazines de mode et je fais les magasins tous les samedis. J'adore porter des vêtements branchés et de marque.

Tundé

Pour moi, ce qui est important, ce n'est pas la mode, mais le confort. A mon avis les marques sont trop chères. Je choisis toujours des vêtements confortables, alors j'aime porter les joggings et les sweats.

3b. Qui pense que la mode est importante?
Qui pense que la mode n'est pas importante?

3c. Lis l'opinion et écris le prénom correct.

1. J'aime aller aux magasins de vêtements le week-end.
2. L'important, c'est d'être confortable.
3. C'est important d'avoir un style original.

4. J'adore la mode et les vêtements.
5. Je préfère porter des vêtements sportifs.
6. Je porte des vêtements classiques.

Parlez!

. Travaille avec un(e) partenaire. La personne A pose les questions, la personne B répond.
Puis changez de rôle.

xemple: *Pour aller à la plage il me faut un maillot de bain et une serviette.*

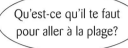

Qu'est-ce qu'il te faut pour aller à la plage?

Qu'est-ce qu'il te faut pour aller à la montagne?

Qu'est-ce qu'il te faut pour aller en ville?

. Travaille avec un(e) partenaire. Tu parles au téléphone à ton/ta correspondant(e).
Lisez la conversation mais changez les mots en bleu.

A – *Allô.*

B – *Allô. Tu arrives à quelle heure samedi?*

A – *Le bateau arrive à trois heures et demie.*

B – *Je n'ai pas de photo de toi. Tu es comment?*

A – *Je suis très grande.*

B – *Moi, je suis assez petit. J'ai les cheveux mi-longs, frisés et roux. Et tes cheveux?*

A – *J'ai les cheveux courts, raides, et bruns.*

B – *Alors à demain!*

. Travaille avec un(e) partenaire. La personne A pose les questions, la personne B répond.
Puis changez de rôle.

a. **Qu'est-ce que tu fais normalement?**

b. **Qu'est-ce que tu as fait hier?**

c. **Qu'est-ce que tu vas faire demain?**

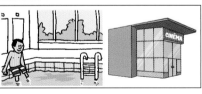
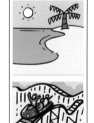

Écrivez!

On t'a donné beacoup de cadeaux! Écris des emails pour dire merci.

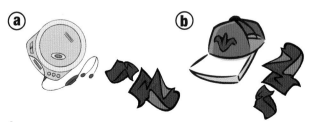

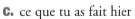

ⓐ ⓑ ⓒ ⓓ

Écris une carte postale de vacances. Dis:

a. où tu es

b. ce que tu fais tous les jours

c. ce que tu as fait hier

d. ce que tu vas faire demain

The present tense – useful irregular verbs

Remember, **tu** is used if you are talking to one friend, **vous** is plural or polite!

avoir	to have	être	to be
j'ai	I have	je suis	I am
tu as	you have	tu es	you are
il a	he has	il est	he is
elle a	she has	elle est	she is
on a	one has	on est	one is
nous avons	we have	nous sommes	we are
vous avez	you have	vous êtes	you are
ils ont	they (m) have	ils sont	they (m) are
elles ont	they (f) have	elles sont	they (f) are

aller	to go	faire	to do/make
je vais	I go	je fais	I do/make
tu vas	you go	tu fais	you do/make
il va	he goes	il fait	he does/makes
elle va	she goes	elle fait	she does/makes
on va	one goes	on fait	one does/makes
nous allons	we go	nous faisons	we do/make
vous allez	you go	vous faites	you do/make
ils vont	they (m) go	ils font	they (m) do/make
elles vont	they (f) go	elles font	they (f) do/make

boire	to drink	vouloir	to want	pouvoir	to be able	devoir	to have to
je bois	I drink	je veux	I want	je peux	I can	je dois	I have to
tu bois	you drink	tu veux	you want	tu peux	you can	tu dois	you have to
il boit	he drinks	il veut	he wants	il peut	he can	il doit	he has to
elle boit	she drinks	elle veut	she wants	elle peut	she can	elle doit	she has to
on boit	one drinks	on veut	one wants	on peut	one can	on doit	one has to
nous buvons	we drink	nous voulons	we want	nous pouvons	we can	nous devons	we have to
vous buvez	you drink	vous voulez	you want	vous pouvez	you can	vous devez	you have to
ils boivent	they (m) drink	ils veulent	they (m) want	ils peuvent	they (m) can	ils doivent	they (m) have t
elles boivent	they (f) drink	elles veulent	they (f) want	elles peuvent	they (f) can	elles doivent	they (f) have t

The present tense – regular -er verbs

jouer	to play
je joue	I play
tu joues	you play
il joue	he plays
elle joue	she plays
on joue	one plays
nous jouons	we play
vous jouez	you play
ils jouent	they (m) play
elles jouent	they (f) play

The present tense – regular -ir verbs

finir	to finish
je finis	I finish
tu finis	you finish
il finit	he finishes
elle finit	she finishes
on finit	one finishes
nous finissons	we finish
vous finissez	you finish
ils finissent	they (m) finish
elles finissent	they (f) finish

The present tense – regular -re verbs

répondre	to reply
je réponds	I answer
tu réponds	you answer
il répond	he answers
elle répond	she answers
on répond	one answers
nous répondons	we answer
vous répondez	you answer
ils répondent	they (m) answer
elles répondent	they (f) answer

The present tense – reflexive verbs

se réveiller	to wake up
je me réveille	I wake up
tu te réveilles	you wake up
il se réveille	he wakes up
elle se réveille	she wakes up
on se réveille	one wakes up
nous nous réveillons	we wake up
vous vous réveillez	you wake up
ils se réveillent	they (m) wake up
elles se réveillent	they (f) wake up

Most reflexive verbs end in -er. The reflexive pronoun changes according to who is doing the action.

Grammaire

The immediate future

To say what is going to happen, use the correct part of aller followed by the infinitive of the action which is going to happen.

Je <u>vais</u> faire	I'm <u>going</u> to do
Tu <u>vas</u> jouer	You're <u>going</u> to play
Il/elle/on <u>va</u> manger	He/she/one is <u>going</u> to eat
Nous <u>allons</u> sortir	We're <u>going</u> to go out
Vous <u>allez</u> prendre	You're <u>going</u> to take
Ils/elles <u>vont</u> boire	They're <u>going</u> to drink

The perfect tense (For more parts of the verb see p. 77)

Regular -er verbs

To say what happened in the past, follow these steps:

Choose the correct part of avoir	J'**ai**
Take the infinitive of the action that happened	manger
Take off the -er	mang
Add -é	mang**é** (past participle)
To end up with	J'**ai** mang**é**

Regular -ir verbs

To say what happened in the past, follow these steps:

Choose the correct part of avoir	J'**ai**
Take the infinitive of the action that happened	finir
Take off the -ir	fin
Add -i	fin**i** (past participle)
To end up with	J'**ai** fin**i**

> **Irregular verbs**
> Some irregular verbs form the past participle in a different way.
>
> Boire = bu   J'ai bu
> Faire = fait   J'ai fait

Articles and possessive adjectives

	Masculine singular	Feminine singular	Plural
'the'	le garçon/l'éléphant	la fille/l'école	les parents
'a'	un crayon	une gomme	des (some) stylos
'my'	mon frère	ma sœur	mes amis
'your'	ton père	ta mère	tes professeurs
'his'/'her'	son grand-père	sa grand-mère	ses parents
'this'/'these'	ce pull/cet anorak	cette robe	ces baskets

Some

The word for 'some' changes according to whether the item is masculine, feminine, begins with a vowel, or is plural.

	Masculine singular	Feminine singular	Plural
'some'	du pain	de la viande	des bonbons
	(word begins with a vowel)		
	de l'oignon	de l'eau	

Object pronouns

Object pronouns replace a noun which has already been said. They go directly before the verb. They change according to whether the noun is masculine, feminine or plural.

Masculine singular	Feminine singular	Plural
le	la	les

Merci pour le chapeau.
Je le porte tous les jours.

Remember: change **le** or **la** to **l'** if the verb begins with a vowel or an 'h'.

Adjectives

Most adjectives follow this pattern:

Masculine singular	Feminine singular	Masculine plural	Feminine plural
grand	grande	grands	grandes
intelligent	intelligente	intelligents	intelligentes

They add an 'e' for feminine, an 's' for masculine plural and an 'es' for feminine plural.

Exceptions

Masculine singular	Feminine singular	Masculine plural	Feminine plural
indien	indienne	indiens	indiennes
anglais	anglaise	anglais	anglaises
beau	belle	beaux	belles

Negatives

To make a verb negative, you have to sandwich ne…. pas around it.

Je **ne** suis **pas.** I am not.
Je **ne** joue **pas.** I am not playing.

If ne is followed by a vowel or an 'h' it becomes n'.
Je **n'**ai **pas** onze ans. J'ai douze ans. – I'm not eleven. I'm twelve.
Je **n'**habite **pas** à Paris. J'habite à Perpignan. – I don't live in Paris. I live in Perpignan.

Other negatives include:
Ne … rien   nothing
Ne … jamais   never

They behave in the same way as ne … pas.

Asking questions

You can ask a question in different ways:

a. by starting with the question word and turning the verb round:

Où habites-tu?   **Where** do you live?
Comment t'appelles-tu? **What** are you called?

b. by using your voice (intonation) and making the question go up at the end of the sentence:

Tu habites **où**?   **Where** do you live?
Tu t'appelles **comment**? **What's** your name?

c. by using Est-ce que..?
Est-ce que tu fais la vaisselle? Do you do the washing up?
Est-ce que tu as une sœur?   Do you have a sister?

Question words

Comment…?	What/how?
Quel(s)…? /Quelle(s)…?	How/what/which?
Où…?	Where?
Quand…?	When?
Qu'est-ce que…?	What?

The imperative

The imperative is used when giving instructions. There are two forms of the imperative.

The **tu** form is used when talking to one friend.

Écoute!	Listen!
Continue!	Continue!
Écris!	Write!
Prends!	Take!

With verbs which end in -**er**, the imperative in the **tu** form drops the final **s**.

The **vous** form is used when talking to lots of people or when being polite to one person.

Écoutez!	Listen!
Continuez!	Continue!
Écrivez!	Listen!
Prenez!	Take!

Vocabulaire
Français/Anglais

A

à bientôt	see you soon
à capuche	hooded
à carreaux	checked
à col roulé	roll-necked
à manches longues	with long sleeves
à motif	patterned
à pois	polka-dot
à rayures	striped
à côté de	next to
à droite	to the right
à gauche	to the left
à mon avis	in my opinion
à pied	on foot
À quelle heure?	At what time?
l' accessoire (m)	accessory
l' accord (m)	agreement
acheter	to buy
l' activité (f)	activity
l' adjectif (m)	adjective
adorer	to love
l' adresse électronique	email address
l' adverbe (m)	adverb
l' aéroport (m)	airport
l' Afrique (f)	Africa
africain(e)	African
Ah bon?	Really?
aimer	to like
ajouter	to add
l' Algérie (f)	Algeria
algérien(ne)	Algerian
l' Allemagne (f)	Germany
allemand(e)	German
aller (à)	to go (to)
alors	so, well
améliorer	to improve
américain(e)	American
l' Amérique (f)	America
l' ami (m)	friend (male)
l' amie (f)	friend (female)
amitiés (f pl)	best wishes
amusant(e)	fun, funny
s' amuser	to enjoy o.s.
anglais(e)	English
l' Angleterre (f)	England
l' animation (f)	animation/activities
l' animal (m)	animal
l' anorak (m)	anorak
août	August
l' appareil-photo (m)	camera

après (ça)	after (that)
l' après-midi (f)	afternoon
l' argent (m)	money
arriver	to arrive
l' article (m)	article
assez	quite; enough
l' assiette (f)	plate
les associations (f pl)	associations
attendre	to wait for
(au bord de) la mer	(at the) sea(side)
au bout de	at the end of
aujourd'hui	today
aussi	also
l' Australie (f)	Australia
australien(ne)	Australian
l' autobus (m)	bus
l' Autriche (f)	Austria
autrichien(ne)	Austrian
avant	before
avec	with
avoir	to have
avoir faim	to be hungry
avril	April

B

se balader	to go for a walk
la banane	banana
la bande dessinée/BD	comic (strip)
la banlieue	the suburbs
le basket	basketball
les baskets (f pl)	trainers
beau, belle	handsome, pretty
beaucoup de	lots of
le beignet	doughnut, fritter
belge	Belgian
la Belgique	Belgium
beurk!	yuk!
le beurre	butter
bien sûr	of course
bien	well
le billet	ticket
blanc(-che)	white
bleu(e)	blue
la boîte	box
le bol	bowl
bondir	to jump, to leap
bonjour	hello
bouclé(e)	curly
bouillir	to boil
la bouteille	bottle
le bowling	bowling alley
branché(e)	trendy
en brosse	crew cut
la brosse à dents	toothbrush
se brosser les dents/ les cheveux	to brush your teeth/hair
brun(e)	brown
le bus	bus

C

C'est bon!	It's good!
C'est combien?	How much is it?
c'était	it was
le cadeau	present, gift
le café	café; coffee
(à la) campagne	(in the) countryside
le canoë-kayak	canoeing
la carte	map; (playing) card
le carton	carton
la casquette	cap
la casserole	saucepan
le CD	CD
célèbre	famous
le centre-ville	town centre
les céréales (f pl)	cereals
la chambre	room
le chapeau	hat
la chasse au trésor	treasure hunt
le château	castle
chaud(e)	hot
les chaussettes (f pl)	socks
la chaussure	shoe
en chemin	on the way
la chemise	shirt
cher, chère	expensive
les cheveux (m pl)	hair
chez moi	where I live, at home
chic	chic
les chips (f pl)	crisps
le chocolat	chocolate
le chocolat chaud	hot chocolate
choisir	to choose
le choix	choice
le chou	cabbage
chouette!	great!
la chute d'eau	waterfall
le cinéma	cinema
les ciseaux (m pl)	scissors
le citron	lemon
clair(e)	light
en classe (f)	in the classroom
commencer	to start, to begin
comprendre	to understand
compter	to count
le concombre	cucumber
la confiture	jam
confortable	comfortable
content(e)	happy
les continents (m pl)	continents
continuer	to continue
les copains (m pl)	friends
le/la correspondant(e)	penfriend
en coton (m)	(made of) cotton
se coucher	to go to bed
la couleur	colour
couper	to cut
les courses (f pl)	shopping

	court(e)	short
le	couscous	couscous
le	couteau	knife
la	cravate	tie
	créer	to create
la	crêpe	pancake
le	croissant	croissant
la	cuillère	spoon
n	cuir (m)	(made of) leather
a	cuisine	kitchen; cooking
	cultiver	to grow

	d'abord	first
	d'accord	OK, agreed
	pas d'accord	not agreed
	dans	in
a	date	date
	déboucher	to unblock; to uncork
	décembre	December
	découper	to cut up/out
	dégoûtant!	disgusting!
e	déjeuner	lunch
	délicieux!	delicious!
	demain	tomorrow
	demander	to ask
a	demie	half
	démodé(e)	unfashionable
e	départ	departure
e	déplacer	to move about
	derrière	behind
n	désordre	untidy
	descendre (de)	to go down; to get out (of)
	détester	to hate
	deuxième	second
	devant	in front of
e	dictionnaire	dictionary
	difficile	difficult
	dimanche	Sunday
e	dîner	dinner
	dire	to say
	directement	straight away; directly
a	direction	direction
e	disputer	to argue
	donner	give
	dormir	to sleep
	drôle	funny
	dur(e)	hard; difficult
e	DVD	DVD

	eau minérale (f)	mineral water
	écharpe (f)	scarf
	école (f)	school
	économiser	to economise, to save
	écossais(e)	Scottish
	Écosse	Scotland
	écouter	to listen

	écrire	to write
l'	église (f)	church
	élégant(e)	elegant
	en	by; in
	en bateau	by boat
	en car	by coach
	en ce moment	at the moment
	en face de	opposite
l'	endroit (m)	spot, place
	enfin	at last
	ennuyeux(-se)	boring
	ensuite	then
	entendre	to hear
	entre	between
l'	entrée (f)	entrance
	entrer (dans)	to enter/ to go in(to)
l'	environnement (m)	environment
	envoyer	to send
	épicé(e)	(hot and) spicy
	éplucher	to peel
	équilibré(e)	balanced
l'	équitation (f)	(horse-)riding
	escalader	to climb
l'	escargot (m)	snail
l'	espace (m)	space
l'	Espagne (f)	Spain
	espagnol(e)	Spanish
	espérer	to hope
	essoufflé(e)	out of breath
	et	and
l'	été (m)	summer
l'	étoile filante (f)	shooting star
	être	to be
	être fatigué(e)	to be tired
l'	Europe (f)	Europe
	euros €	euros (money)
	expliquer	to explain

	facile	easy
	facilement	easily
	faire	to do, to make
	faire du camping	to go camping
	faire la cuisine	to cook
	faire la vaisselle	to wash up
	faire partie de	to belong to
	faire preuve de	to show
	fanatique	fanatical
	fantastique	fantastic
la	farine	flour
la	fenêtre	window
	février	February
la	figure	face
le	filet	net
la	fille	girl
le	film	film
	finir	to finish
	une fois (par semaine)	once (a week)
	foncé(e)	dark
la	forêt	forest
le	foulard	scarf

la	fraise	strawberry
le/la	Français(e)	Frenchman/woman
	français(e)	French
la	France	France
	franchir	to cross
	frisé(e)	curly
les	frites (f pl)	chips
le	fromage	cheese
le	fruit	fruit
	fuir	to flee, run away from

G

	gagner (à la loterie)	to win (the lottery)
le	garçon	boy
le	gâteau	cake
	génial(e)	brilliant
	gentil(le)	kind
la	glace	ice-cream
le	gramme	gram
	grand(e)	big
la	grande roue	big wheel
	grec, grecque	Greek
la	Grèce	Greece
	gris(e)	grey

H

s'	habiller	to get dressed
	habiter	to live
l'	heure (f)	time; o'clock; hour
	hier	yesterday
l'	hiver (m)	winter
l'	homme (m)	man
l'	horoscope (m)	horoscope
l'	huile (f)	oil
	l'hypermarché	hyper/supermarket

I

	il fait beau	it's nice weather
	il fait chaud	it's hot
	il fait froid	it's cold
	il fait mauvais	it's bad weather
	il faut	it is necessary, you must
	il ne faut pas …	you mustn't
	il neige	it's snowing
	il pleut	it's raining
	il y a	there is/there are
	il y a du vent	it's windy
	impatient(e)	impatient
l'	impératif (m)	imperative
	impressionnant(e)	impressive
	incroyable	incredible
l'	Inde (f)	India
	indien(ne)	Indian
	intelligent(e)	intelligent
	intéressant(e)	interesting
l'	invité (m)	guest (male)
l'	invitée (f)	guest (female)

	inviter	to invite
	irlandais(e)	Irish
l'	Irlande (f)	Ireland
l'	Italie (f)	Italy
	italien(ne)	Italian

J

le	jambon	ham
	janvier	January
	jaune	yellow
	je voudrais…	I would like (to) …
le	jean	(a pair of) jeans
	jeudi	Thursday
le	jogging	tracksuit
	joli(e)	pretty
	jouer au tennis	to play tennis
la	journée	day
le	judo	judo
	juillet	July
	juin	June
la	jungle	jungle
la	jupe	skirt
le	jus d'orange	orange juice

K

le	kilo	kilo

L

	là-bas	(over) there
(en)	laine (f)	(made of) wool
	laisser refroidir	allow to cool
le	lait	milk
la	lampe	lamp
	lancer le défi	to throw down the challenge
la	langue maternelle	mother tongue
se	laver	to wash (o.s.)
	laver	to wash
le	ciel	sky
le	légume	vegetable
se	lever	to get up
	lire	to read
la	liste	list
le	litre	litre
la	livre	pound (weight)
le	livre	book
	long(ue)	long
le	look	look, image
	lundi	Monday
les	lunettes (f pl)	(seeing) glasses
les	lunettes de soleil (f pl)	sunglasses

M

le	magasin	shop
le	magazine	magazine
	mai	May
le	maillot	vest
le	maillot de bain	swimsuit
	maintenant	now

	mais	but
la	maison	house
	mal	badly
	manger	to eat
le	manteau	coat
le	marchand de journaux	newspaper seller
le	marché	market
	mardi	Tuesday
se	marier	to get married
le	Maroc	Morocco
	marocain(e)	Moroccan
	mars	March
le	matin	(in the) morning
	mauve	purple
	mélanger	mix
le	membre	member
	même	even; same
	merci	thank you
	mercredi	Wednesday
le	métro	metro
	miam!	yummy!
	mi-long(ue)	medium-long
	moche	ugly
	moderne	modern
	moi	I; me
	moi non plus	me neither
	moins	minus
	moins … que	less … than
le	monde (entier)	the (entire) world
(à la)	montagne	(in the) mountains
	monter (dans)	to go up; to get in(to)
la	montre	watch
le	monument	monument
le	morceau	piece
la	mosquée	mosque
la	moto	motorbike
la	moutarde	mustard
le	moyen	medium
les	moyens de transport (m pl)	means of transport

N

	n'est-ce pas?	don't you think?
	nager	to swim
la	nationalité	nationality
en	nattes	in plaits
	ne … jamais	never
	ne … pas	not
	ne … rien	nothing
le	niveau	level
	noir(e)	black
le	nom	noun, name
	normalement	normally, usually
	novembre	November
	nul	rubbish, bad

O

	octobre	October
l'	œuf (m)	egg

	offrir	to give (as a prese
l'	oignon (m)	onion
l'	oiseau (m)	bird
l'	omelette (f)	omelette
	ondulé(e)	wavy
l'	opinion (f)	opinion
	orange	orange
l'	orthographe (f)	spelling
	Où est/sont	Where is/are..?
	ou	or
	oublier	to forget
l'	ours (m)	bear

P

le	pain grillé	toast
le	pantalon	trousers
le	paquet	packet
le	parc	park
le	parc d'attractions	fun park
	parce que	because
	parler	to speak
	parmi	amongst
	partir	to leave
	Pas du tout!	Not at all!
le	passeport	passport
	passer	to spend (time); to go past
	passer des heures	to spend ages
la	patate douce	sweet potato
le	pâté	paté
	patient(e)	patient
la	patinoire	ice-skating rink
le	pays	country
les	pays francophones (m pl)	French-speaking countries
les	Pays-Bas	Holland
	peindre	to paint
	penser	to think
le	persil	parsley
	petit(e)	small
le	petit déjeuner	breakfast
	un peu plus tard	a bit later
	peut-être	perhaps
la	piscine	swimming pool
la	place	square
la	plage	beach
se	plaindre	to complain
le	pluriel	plural
	plus … que	more … than
en	plus	what's more; ex
le	point de départ	departure point; start
le	poisson	fish
la	pomme	apple
la	pomme de terre	potato
le	pont	bridge
	populaire	popular; working class
la	population	population
	portable	wearable
	porter	to wear
la	portion de …	portion of …

e	Portugal	Portugal
	portugais(e)	Portuguese
e	pot	pot
	pratique	practice; practical
	préféré(e)	favourite
	préférer	to prefer
	premier(-ère)	first
1	premier coup	at first go
	prendre	to take
	prendre une	to take a
	douche/un bain	shower/bath
	préparer	to prepare
	près de	near to
e	problème	problem
	promener	to go for a walk
	protégér	to protect
a	publicité	advertisement
	puis	then
e	pull	jumper

	Qu'est-ce qu'il	What is there ...?
	y a ...?	What's the matter?
	Qu'est-ce que ...?	What ...?
	quai	platform
	quand	when
	quart	quarter
	quelquefois	sometimes
	question	question
	quitter (la maison)	to leave (the house)

	raid(e)	straight
	ranger	to tidy
	rapide	fast
	rapidement	quickly
	rater	to miss
	recette	recipe
	réduire (le feu)	to reduce (the heat)
	regarder	to watch; to look at
	rencontrer	to meet
	rendre	to give back
	rentrer	to return;
		to go home
	répéter	to repeat
	répondre	to answer
	reposer	to rest
	réservé(e)	reserved
	restaurant	restaurant
	rester	to stay
	retard	late
	réveiller	to wake up
	riche	rich
	rigolo	funny
	rincer	to rinse
	robe	dress
	rose	pink
	rouge	red
	rougir	to blush
	route	on the way
	Royaume-Uni	United Kingdom

la	rue (animée)	(lively) street
	rugir	to roar

S

	s'il vous plaît	please
le	sac	bag
le	sac à dos	backpack
	saisir	to seize
	salir	to (make) dirty
	samedi	Saturday
le	sandwich	sandwich
	sans doute	doubtless, probably
la	santé	health
	sauf	except
	sauver	to save
se	sauver	to escape
se	secouer	to pull o.s. together
le	séjour	stay
le	sel	salt
se	sentir	to feel
se	séparer	to separate
	septembre	September
la	serviette	towel
le	short	(pair of) shorts
	si	if; so
le	siège	seat
le	singulier	singular
la	situation	situation
le	snowboard	snowboarding
le	soir	(in the) evening
	sonner	to ring
	sourire	to smile
	sous	under
	sportif(-ive)	sporty
le	stade	stadium
le	stylo	pen
	sucré(e)	sweet
	super	great
le	supermarché	supermarket
	sur	on
le	surf	surfing
	surfer	to surf
	surfer l'internet	to surf the Internet
	surtout	especially, above all
le	sweat	sweatshirt

T

la	tablette	bar of chocolate
	de chocolat	
la	taille	size
	de taille moyenne	average size
la	tasse	cup
le	tee-shirt	T-shirt
le	téléphone	mobile phone
	portable	
	téléphoner (à)	to phone (s.o.)
la	télévision	television
le	temps	weather
le	texte	text
le	thé	tea
	timide	shy

le	tissu	material
	toujours	always
le/la	touriste	tourist
	tourner	to turn
	tournez à droite/	turn right/left
	à gauche	
	tous les jours	every day
	tout à fait!	exactly/absolutely
	tout droit	straight on
le	train	train
la	tranche	slice
le	transport	transport
le	travail	work
	travailler	to work; to practise
	traverser	to cross
	très	very
	triste	sad
	trop	too (much)
se	trouver	to be situated

U

	utiliser	to use

V

les	vacances (f pl)	holidays
la	valise	suitcase
le	vélo	bicycle
	vendre	to sell
	vendredi	Friday
	venir	to come
le	verbe	verb
	vérifier	to check
	verser	to pour
	vert(e)	green
la	veste	jacket
les	vêtements (m pl)	clothes
la	viande	meat
	vider	to empty out
	vieux, vieille	old
en	ville (f)	in town
	violet(te)	purple
la	visite guidée	guided tour
	visiter	to visit (not person)
	voici	here's ...
	voilà	here you are;
		there's ...
	voir	to see
la	voiture	car
	vomir	to vomit
	Vous désirez?	What would
		you like?
	voyager	to travel
	vrai(e)	true
	vraiment	really

WXYZ

le	walkman	walkman
le	week-end	weekend
les	yeux (m pl)	eyes

Glossary

English/French

A

	activity	l'activité *(f)*
to	add	ajouter
	adjective	l'adjectif *(m)*
	adverb	l'adverbe *(m)*
	advertisement	la publicité
	Africa	l'Afrique *(f)*
	African	africain(e)
	after (that)	après (ça)
	afternoon	l'après-midi *(f)*
	airport	l'aéroport *(m)*
	also	aussi
	always	toujours
	America	l'Amérique *(f)*
	American	américain(e)
	amongst	parmi
	and	et
	animal	l'animal *(m)*
	anorak	l'anorak *(m)*
to	answer	répondre
	apple	la pomme
	April	avril
to	argue	se disputer
to	arrive	arriver
	article	l'article *(m)*
to	ask	demander
	August	août
	Australia	l'Australie *(f)*
	Australian	australien(ne)
	Austria	l'Autriche *(f)*
	Austrian	autrichien(ne)
	average size	de taille moyenne
at	last	enfin

B

	backpack	le sac à dos
	badly	mal
	bag	le sac
	banana	la banane
	bar of chocolate	la tablette de chocolat
to	be	être
	beach	la plage
	bear	l'ours *(m)*
	beautiful	beau/belle
	because	parce que
	before	avant
	behind	derrière
	Belgium	la Belgique
	belgian	belge
to	belong to	faire partie de
	best wishes	amitiés *(f pl)*

	between	entre
	bicycle	le vélo
	big	grand(e)
	bird	l'oiseau *(m)*
	black	noir(e)
	blue	bleu(e)
to	blush	rougir
by	boat	en bateau
to	boil	bouillir
	book	le livre
	boring	ennuyeux(-se)
	bottle	la bouteille
	bowl	le bol
	bowling alley	le bowling
	box	la boîte
	boy	le garçon
	breakfast	le petit déjeuner
	bridge	le pont
	brown	brun(e)
to	brush one's teeth/hair	se brosser les dents/les cheveux
	bus	l'autobus *(m)*, le bus
	but	mais
	butter	le beurre
	buy	acheter
	by	en

C

	cabbage	le chou
	café; coffee	le café
	cake	le gâteau
	camera	l'appareil-photo *(m)*
to go	camping	faire du camping
to	canoe	faire du canoë
	canoeing	le canoë-kayak
	cap	la casquette
	car	la voiture
	castle	le château
	cereals	les céréales *(f pl)*
to	check	vérifier
	checked	à carreaux
	cheese	le fromage
	chips	les frites *(f pl)*
	chocolate	le chocolat
	choice	le choix
	church	l'église *(f)*
	cinema	le cinéma
in the	classroom	en classe *(f)*
to	climb	escalader
	clothes	les vêtements *(m pl)*
	coat	le manteau
it's	cold	il fait froid
	colour	la couleur
to	come	venir
	comfortable	confortable
to	complain	se plaindre
to	cook	faire la cuisine
	(made of) cotton	(en) coton *(m)*
	country	le pays
	countryside	la campagne
	crisps	les chips *(f pl)*
	croissant	le croissant

to	cross	franchir, traverse
	cucumber	le concombre
	cup	la tasse
	curly	bouclé(e)
	(very) curly	frisé(e)
to	cut (up/out)	(dé)couper

D

	dangerous	dangereux(-euse
	dark	foncé(e)
	date	la date
	day	la journée
	December	décembre
	delicious!	délicieux!
	departure (point)	le (point de) dép
	dictionary	le dictionnaire
	difficult	difficile
	dinner	le dîner
	direction	la direction
	disgusting!	dégoûtant!
to	do, make	faire
	doughnut/fritter	le beignet
to	go down/ get out (of)	descendre (de)
to	dress (o.s.)	s'habiller
	dress	la robe

E

	easy	facile
to	eat	manger
	egg	l'œuf
	elegant	élégant(e)
	England	l'Angleterre *(f)*
	English	anglais(e)
to	enjoy o.s.	s'amuser
	environment	l'environnement
to	escape	se sauver
	especially	surtout
	Europe	l'Europe *(f)*
	even	même
	evening	le soir
	except	sauf
	expensive	cher, chère
to	explain	expliquer
	eyes	les yeux *(m pl)*

F

	face	la figure, le visa
	famous	célèbre
	fantastic	fantastique
	fast	rapide
	favourite	préféré(e)
	February	février
to	feel	se sentir
to	finish	finir
	first	premier(-ière)
at	first	d'abord
	fish	le poisson
	flour	la farine
	forest	la forêt
to	forget	oublier

France	la France
French	français(e)
Frenchman/	le/la Français(e)
woman	
Friday	vendredi
friend	l'ami (m), l'amie (f)
fruit	le fruit
fun	amusant(e)
funny	drôle, rigolo

G

German	allemand(e)
Germany	l'Allemagne (f)
to get up	se lever
girl	la fille
to give	donner
to give back	rendre
to give (as a present)	offrir
glasses (seeing)	lunettes (f pl)
to go (to)	aller (à)
to go out	sortir
gram	le gramme
great	chouette, super
Greece	la Grèce
Greek	grec, grecque
green	vert(e)
grey	gris(e)
to grow	cultiver
guest	l'invité (m),
	l'invitée (f)

hair	les cheveux (m pl)
(a) half	la demie
ham	le jambon
happy	content(e)
hard	dur(e)
hate	détester
hat	le chapeau
have	avoir
health	la santé
hear	entendre
hello	bonjour
holidays	les vacances (f pl)
Holland	les Pays-Bas
hooded	à capuche
hope	espérer
horoscope	l'horoscope (m)
(horse-)riding	l'équitation (f)
hot	chaud(e)
hot chocolate	le chocolat chaud
house	la maison
to be hungry	avoir faim

ice-skating rink	la patinoire
if	si
impatient	impatient(e)
impressive	impressionnant(e)
improve	améliorer
in	dans
in front of	devant
incredible	incroyable

intelligent	intelligent(e)
interesting	intéressant(e)
to invite	inviter
it is	c'est
it was	c'était
Italy	l'Italie (f)
Italian	italien(-ne)

J

jacket	la veste
jam	la confiture
January	janvier
(a pair of) jeans	le jean
July	juillet
jumper	le pull
June	juin

K

kilo	un kilo
kind	gentil(le)
kitchen/cooking	la cuisine
knife	le couteau

L

lamp	la lampe
late	en retard
later	(un peu) plus tard
(made of) leather	(en) cuir (m)
to leave	partir
left	(à) gauche
lemon	le citron
less … than	moins … que
light	clair(e)
to like	aimer
list	la liste
to listen	écouter
litre	le litre
to live	habiter
long	long(ue)
look, image	le look
lots of	beaucoup de
to love	adorer
lunch	le déjeuner

M

magazine	le magazine
man	l'homme (m)
map	la carte
March	mars
market	le marché
to marry	se marier
May	mai
means of	les moyens de
transport	transport (m pl)
meat	la viande
to meet	rencontrer
milk	le lait
mineral water	l'eau minérale (f)
minus	moins
to miss	rater
to mix	mélanger
mobile phone	le téléphone portable

modern	moderne
Monday	lundi
money	l'argent (m)
more … than	plus … que
morning	le matin
mosque	la mosquée
mother tongue	la langue maternelle
motorbike	la moto
mountain	la montagne
mustard	la moutarde

N

nationality	la nationalité
near to	près de
it is necessary	il faut
never	ne … jamais
newspaper seller	le marchand
	de journaux
next to	à côté de
normally	normalement
not at all!	pas du tout!
not	ne … pas
nothing	ne … rien
November	novembre
now	maintenant

O

October	octobre
oil	l'huile (f)
on	sur
once (a week)	une fois
	(par semaine)
onion	l'oignon (m)
opinion	l'opinion(f),
	l'avis (m)
in my opinion	à mon avis
opposite	en face de
or	ou
orange juice	le jus d'orange
orange	orange

P

packet	le paquet
to paint	peindre
pancake	la crêpe
park	le parc
parsley	le persil
passport	le passeport
patient	patient(e)
pen	le stylo
penfriend	le/la correspondant(e)
perhaps	peut-être
to phone (s.o.)	téléphoner (à)
piece	le morceau
pink	rose
plaits (hair)	en nattes
plate	l'assiette (f)
platform	le quai
to play tennis	jouer au tennis
please	s'il vous plaît
plural	le pluriel
polka-dot	à pois
portion (of chips)	la portion (de frites)

	English	French
	pot	le pot
	potato	la pomme de terre
	pound (weight)	la livre
to	pour	verser
to	practise	travailler; répéter
to	prefer	préférer
to	prepare	préparer
	pretty	joli(e)
	problem	le problème
	protect	protégér
	purple	mauve, violet(te)

Q

	quarter	le quart
	question	la question
	quickly	rapidement
	quite	assez

R

to	read	lire
	really	vraiment
	recipe	la recette
	red	rouge
to	repeat	répéter
	reserved	réservé(e)
to	rest	se reposer
	restaurant	le restaurant
to	return	rentrer
	right	(à) droite
to	ring	sonner
to	rinse	rincer
	river	la rivière
	roll-necked	à col roulé

S

	sad	triste
	salt	le sel
	sandwich	le sandwich
	Saturday	samedi
to	save	sauver
to	say	dire
	scarf	l'écharpe (f), le foulard
	school	l'école (f)
	Scotland	l'Écosse (f)
	Scottish	écossais(e)
	sea	la mer
	seat	le siège
to	see	voir
to	sell	vendre
to	send	envoyer
to	separate	se séparer
	September	septembre
	serious	sérieux(-euse)
	shop	le magasin
	shorts	le short
	shy	timide
	singular	singulier
to be	situated	se trouver
	situation	la situation
	skirt	la jupe
	sky	le ciel

to	sleep	dormir
	slice	la tranche
	small	petit(e)
to	smile	sourire
	snail	l'escargot (m)
it's	snowing	il neige
to	snowboard	faire du snowboard
	snowboarding	le snowboard
	so, well	alors
	sometimes	quelquefois
	sorry	désolé(e)
	space	l'espace (m)
	Spain	l'Espagne (f)
	Spanish	espagnol(e)
to	speak	parler
	spelling	l'orthographe (f)
to	spend (time)	passer
	sporty	sportif(-ive)
	square	la place
	stadium	le stade
	stay	le séjour
to	stay	rester
	straight away	directement
	straight on	tout droit
	straight (hair)	raid(e)
	strawberry	la fraise
	striped	à rayures
	suburbs	la banlieue
	suitcase	la valise
	summer	l'été (m)
	Sunday	dimanche
	sunglasses	les lunettes de soleil (f pl)
	supermarket	le supermarché
to	surf the Internet	surfer l'internet
	sweatshirt	le sweat
	sweet potato	la patate douce
	sweet	sucré(e)
	swimsuit	un maillot de bain
to	swim	nager
	swimming pool	la piscine

T

	table	la table
to	take	prendre
	tea	le thé
	television	la télévision
	text	le texte
	thank you	merci
	then	puis
	there is/there are	il y a
to	think	penser
	Thursday	jeudi
	ticket	le billet
to	tidy	ranger
	time	l'heure (f)
to be	tired	être fatigué(e)
	toast	le pain grillé
	today	aujourd'hui
	tomorrow	demain
	too (much)	trop
	toothbrush	la brosse à dents
	towel	la serviette

	town	la ville
	tracksuit	le jogging
	train	le train
	trainers	les baskets (f pl)
	transport	le transport
to	travel	voyager
	trendy	branché(e)
	trousers	le pantalon
	true	vrai(e)
	T-shirt	le tee-shirt
	Tuesday	mardi
to	turn	tourner

U

	ugly	moche
	under	sous
to	understand	comprendre
	unfashionable	démodé(e)
	untidy	en désordre
	utiliser	to use

V

	vegetable	le légume
	verb	le verbe
	very	très
to	visit	visiter
to	vomit	vomir

W

to	wait for	attendre
to	wake up	se réveiller
to	go for a walk	se promener, se balader
	walkman	le walkman
to	wash	laver
to	wash (o.s.)	se laver
to	wash up	faire la vaisselle
	watch	la montre
to	watch; to look	regarder
	wavy	ondulé(e)
to	wear	porter
	weather	le temps
	Wednesday	mercredi
	weekend	le week-end
	well; good	bien
	when	quand
	Where is/are ...?	Où est/sont ...?
	white	blanc(-che)
to	win (the lottery)	gagner (à la lote
	window	la fenêtre
it's	windy	il y a du vent
	winter	l'hiver (m)
	with	avec
	(made of) wool	(en) laine (f)
	work	le travail
to	work	travailler
	world	le monde
to	write	écrire

XYZ

| | yellow | jaune |
| | yesterday | hier |